10代と語る英語教育

民間試験導入延期までの道のり

鳥飼玖美子 Torikai Kumiko

★——ちくまプリマー新書

357

目次 ＊ Contents

はじめに

二〇一九年一一月一日、大学入学共通テストに導入されることが決まっていた英語民間試験が、突然、延期になりました。二〇一三年に方針が発表されて以来、専門家がいくら欠陥を指摘しても顧みられることはなく、大学入試改革の目玉として着々と進められてきた政策です。それが、土壇場で延期になるというのは、異例のことです。

二〇一三年から著書やメディアの取材、講演などで反対を訴えてきたのは私だけではありませんでしたが、当時は社会一般の関心は低く、全く何も変わりませんでした。

その流れが変わったのは二〇一九年になってからです。新たに始まる大学入学共通テストへの民間試験導入の詳細が判明するにつれ、地域格差や経済格差が露《あら》わになり、受験生や保護者の間に困惑が広がりました。

二〇一九年二月には、東京大学でこの問題を考えるシンポジウムが開催され、会場に入りきれないほどの聴衆が全国から集まりました。同年六月には、専門家たちが「国会請願」という行動を起こしましたが、「審査未了」とされ、八千筆もの署名はお蔵入りとなりました。

しかし、このあたりからTwitter（ツイッター）は、tweet（さえずり、つぶやき）というよりは叫びのような怒りのツイートで溢れるようになりました。そして、その怒りは文部科学省前での抗議活動に結集していきました。

その中で目を引いたのが、一〇代の三人でした。ツイッターでは「ひっきたい」「こばると」「クリス」としておなじみの存在だった三人が、皆の前に姿を現し、マイクを持って自らの考えや気持ちを訴えたのです。

その三人にはマスコミも注目しました。文部科学大臣に直訴しようとして警官から排除された「ひっきたい」君を『AERA』が取材したことに始まり、新聞や民放テレビも当事者である高校二年生の「こばると」君と「クリス」君を取り上げました。政治には無関心とされる世代の若者が懸命に反対を訴える姿は社会の注目を浴び、この問題への関心が広がりました。そのことがついには世論の力で英語民間試験導入を延期に追い込んだと考えると、一〇代の三人は大きな役割を果たしたと言えます。

一体、この三人はどういう若者で、どのようなことから抗議活動に参加するようになったのだろう、と関心を抱きました。報道によると、三人は友だちと言う関係ではなく、個々に自分で考え、何とかしなければ、と立ち上がったようです。雑誌に掲載された座談会を読むと、三人はそれぞれのやり方で、英語民間試験を止めるために最大限の努力をしたことが分かりました。英語民間試験導入の問題点を私なりに整理したNHK「視点・論点」を参考にしていたことも知りました。何より驚いたのは、この三人が実に冷静に状況を分析し行動していたことでした。

会って話してみたいという思いがつのり、筑摩《ちくま》書房の企画としてインタビューすることになったのが、本書です。

歴史の研究方法にオーラル・ヒストリー（oral history）があります。当事者をインタビューして、その語りから歴史の一面を浮き彫りにするのが目的です。二〇一九年に何が起こったかは、いずれ「歴史」になります。何年か経《た》って「英語民間試験導入の延期」がどのように評価され、後世に伝えられるか分かりませんが、さまざまな立場の人々が闘った中で、一〇代も役割を果たした記録は残しておきたいと考えました。

そのような意図から、本書は三人の語りが中心となっています。三人とは個別に会って、一人数時間ほどかけて話を聞きました。オーラル・ヒストリーでは、語り手がどのような人間かを知るために、育った環境など、ブルデューのいうハビトゥス（habitus）も含めて、聞いたりしますが、インタビューが一回だけであったことからハビトゥス解明までには至っていません。また、個人的な情報やご本人から要望があった事柄については載せていません。ただし、英語民間試験に反対しての行動だったことから、英語学習歴などは本人の了解を得て掲載しています。

この本を読んで下さる方々に、深い思考力で状況を判断し主体的に行動した若い世代がいることを知っていただけたらと願っています。

序章　大学入試改革（そして反対）の系譜

大学入学共通テストに英語民間試験を使う政策は、急に始まったことではありません。歴史の長さと根の深さを理解していただくために、ざっと経緯を説明しておきます。出発点は、一九八五年の「臨時教育審議会（臨教審）」です。

臨時教育審議会

文部科学省には一九五二年に設置された中央教育審議会（中教審）があり、文部科学大臣の諮問に応じて教育・学術・文化に関する基本的な重要施策を調査・審議し、「答申」として提言します。

ところが、もっと大胆な教育改革を進める必要があると考えた中曽根康弘首相（当時）は、「政府全体の責任で長期的展望に立って教育改革に取り組むため」、一九八四年に総理大臣の諮問機関として臨時教育審議会を設置しました。

臨時教育審議会[1]は総会を含めて六六八回の会議を開催。委員二五名、専門委員二〇名の多くは政財界からの中曽根総理のブレーンで、ここから政治主導の教育政策立案という新たな流れが始まりました。

臨教審で最も対立が鮮明になったのは、中曽根首相自身の持論である「教育の自由化」でした。教育に競争原理を導入し、規制緩和により民間を活用することで学校教育を活性化するという改革理念は、「教育の機会均等」を危うくすると臨教審内部からも文部省（当時）や学校現場からも猛反発されました。答申では「個性重視の原則」に和らげられましたが、政財界の新自由主義は底流に残っていました。二〇二〇年を目指した大学入試改革が民間企業に大きく依存するものだったのは、決して偶然ではなく、臨教審以来の流れの到達点であったと考えられます。

大学入試については一九八五年の第一次答申において、「偏差値偏重による受験競争の過熱を是正するとともに、人間を多面的に評価し、個性的な入学者選抜」を行い得るような「大学入学者選抜制度の改革」を提唱し、「大学入試においてＴＯＥＦＬなどの第三者機関による検定試験の利用」が記されています。また、第一次答申では「国公私立を通じて各大学が自由に利用できる新しいテストの創設」が提案されており、これを基に、それまでの共通第一次学力試験に代えて、大学入試センター試験（センター試験）が一九九〇年から実施されるようになりました。

一九八六年の第二次答申は、教育行政の弾力化・多様化、ひいては自由化を目指すものでした。多岐にわたる項目には、「大学の二学期制の採用（九月入学を可能に）」もあります（これについては後述）。

英語教育も取り上げられています。従来の学校英語教育を「長期間の学習にもかかわらず極めて非効率」であり、「多くの学習者にとって身に付いたものとなっていない」と断じ、改善の必要性を次のように説明しました。

　これからの国際化の進展を考えると、日本にとって、これまでの受信専用でなく、自らの立場をはっきりと主張し、意思を伝達し、相互理解を深める必要性が一層強まってくる。

受信から発信への転換を促した上で、具体的には以下を提案しました。

各学校段階における英語教育の目的の明確化、学習者の多様な能力・進路に適応した教育内容や方法の見直しを行う。

前半の「目的の明確化」について、江利川春雄[2]・和歌山大学教授は、「到達目標」を指しているとの解釈で、後に各種民間試験の級やスコアの明示化につながったとしています。「学習者の多様な能力・進路」は、それまでの「教育の機会均等と平等」に対置される方向性で、「教育の自由化」を企図しているとされます。[3]

英語教育の「内容や方法の見直し」について、具体的には、次のような批判が述べられています。

中学校、高等学校等における英語教育が文法知識の修得と読解力の養成に重点が置かれて過《ママ》ぎていることや、大学においては実践的な能力を付与することに欠けている。

「文法と読解」を一刀両断した最後に、「教育内容等を見直すとともに、英語教育の開始時期についても検討を進める」（傍線、原文ママ）と提案しています。この部分が、後に小学校での英語教育への道を開くことになり、二〇一一年からの「外国語活動（英語）」必修化、二〇二〇年の教科化につながりました。

大学入試については次の通りです。

英語の多様な学力がそれぞれに正当に評価されるよう検討するとともに、第三者機関で行われる検定試験などの結果の利用も考慮する。……例えば高等学校段階で学習した聞く、話す、読む、書くなどの多様な力がそれぞれに正当に評価されるようにするなどの検討を行うとともに、大学入試において、ＴＯＥＦＬなどの第三者機関による検定試験の結果の利用も考慮する。

第三次答申（一九八七年）では、「コミュニケーション」という用語が登場しました。

英語の教育においては、広くコミュニケーションを図るための国際通用語（リンガ・フランカ）習得の側面に重点を置く必要があり、中学校、高等学校、大学を通じた英語教育の在り方について、抜本的な見直しを行う。

第四次（最終）答申（一九八七年）では、「秋季入学制への移行」も提案されています。しかし、公聴会や世論調査で消極論や慎重論が多かったことから、「将来の目標」に止めています。

> 今後の社会全体の変化を踏まえ、国民世論の動向に配慮しつつ、将来、我が国の学校教育を秋季入学制に移行すべく、関連する諸条件の整備に努めるべきである。

この後、「秋季入学」はいくつもの会議[4]で検討されてきました。二〇一一年七月には、東京大学が九月入学制への移行を検討しましたが、最終的に見送りとなりました。[5]

二〇二〇年になって、長期の「コロナ休校」で学ぶ機会を失った高校生がツイッターで「学校で過ごすかけがえのない時間を取り戻したい」と訴え、「九月入学を求めるネット署名」が始まりました。政治家が敏感に反応して、幻の「九月入学」が生き返ることとなり、文科省に検討委員会が設置されました。二〇二〇年六月末には三つの案が出されましたが、日本教育学会[6]や教育関係者は「授業の遅れを取り戻す効果はない」「国際化についても効果は限定的」だと反対。社会学[7]、経済学[8]の専門家からは、三案いずれも莫大《ばくだい》な予算増、保育や教育の担い手不足、家庭の負担増が避けられないとの指摘があり、結局は見送りとなりました。

「大学入試改革」に話を戻しましょう。臨時教育審議会第一次答申（一九八五年）を受ける形で、民主党政権時代の二〇一二年六月五日に発表された文部科学省「大学入試改革実行プラン」では、「新たな共通テストの開発」及び「入試におけるＴＯＥＦＬ・ＴＯＥＩＣの活用・促進」が明記され、同年八月二八日には平野博文《ひろふみ》・文科大臣が中央教育審議会に「大学入学者選抜の改善」を諮問しています。

英語教育についても、臨時教育審議会第二次答申は、一九八九年改訂の学習指導要領に生かされ、現在に至るまで繰り返されている「抜本的改革」の下地になっています。

次は二〇一二年から今日に至るまでの教育政策を駆け足で振り返ってみます。

教育と経済の結びつき

民主党政権時代の二〇一二年、自民党は党内に安倍晋三《しんぞう》総裁直属の再生実行本部を二つ立ち上げました。一つは日本の経済再生実行本部、もう一つが教育再生実行本部（下村博文《はくぶん》・本部長）です。

その後、自民党は政権を奪還し、二〇一三年一月一五日に、政府の教育再生実行会議の開催が閣議決定され、自民党の教育再生実行本部と一体になって教育改革を進めることになります。目指す改革の中には「大学入試の抜本的改革」も含まれました。

翌週の一月二三日には産業競争力会議の第一回会議が開催され、自民党教育再生実行本部の提言[9]に先行して、下村博文・文部科学大臣が大学入試改革の方向性について提案しています。

「産業競争力会議」は、安倍晋三首相が掲げる経済政策——いわゆるアベノミクスの三本の矢のうち三本目にあたる「成長戦略」を担う機関です。第一の矢が「金融の大胆な緩和」、第二の矢「機動的な財政出動」、そして第三の矢が「我が国産業の競争力強化や国際展開に向けた成長戦略の具現化と推進」です。

四月八日には、「第一次提言」として、英語教育・理数教育・ICT教育を中心にした「成長戦略に資するグローバル人材育成部会提言」が公表されました。「スーパーグローバル大学支援事業」をはじめ、日本の教育に多大な影響を与えた「グローバル人材育成」政策は、政府による成長戦略の一環だったわけです。

産業競争力会議の「第一次提言」公表と同じ日に、自民党教育再生実行本部は、「大学において、従来の入試を見直し、実用的な英語力を測るＴＯＥＦＬ等の一定以上の成績を受験資格及び卒業要件とする」などの提案を発表しました。

五月二三日には、産業競争力会議「第二次提言」が公表され、「大学・入試の抜本的改革」として、「高校在学中に複数回挑戦できる達成度テストの創設、学力保証を前提とした多面的評価による入試」が提案されました。

目を引くのは、「大学入試はすべて自前で作るものという発想」から達成度テスト等による「多面的評価という発想」への転換を促し、「ＴＯＥＦＬ等の外部試験の大学入試への活用」が明記されていることです。

安倍政権における教育は、「アベノミクス」の一環であったことが、産業競争力会議・自民党教育再生実行本部・政府の教育再生実行会議の絶妙な連携に見て取れますが、経済政策としての「成長戦略」と結びつけて教育政策を理解していた国民は多くなかったのではないでしょうか。

反対の声

大学入試改革への動きに危機感を持ったのが、大津由紀雄（言語の認知科学）、江利川春雄（英語教育政策史）、斎藤兆史《よしふみ》（英語学習論）、鳥飼玖美子《くみこ》（英語教育学）でした。

自民党教育再生実行本部の提案を翌朝四月九日に報じた朝日新聞「大学入試、TOEFL義務化案、国際派育成へ自民が提言」がきっかけでした。それまでも四人は個別に、民間試験で「英語が使える日本人」が育つという英語教育政策を批判してきたので、強い怒りを共有しました。

メールで意見交換しながら、緊急出版できないだろうかと考えはじめたところ、ひつじ書房の松本社長も同じような危機意識を抱いていることが分かり、四月二八日にひつじ書房に集まって座談会を開催。それをブックレット『英語教育、迫り来る破綻』として刊行したのが、六月二七日でした。

同書では、座談会「英語教育、迫り来る破綻」に加え、江利川春雄が「『大学入試にTOEFL等』という人災から子どもを守るために」、斎藤兆史「もう一度英語教育の原点に立ち返る」、大津由紀雄「英語教育政策はなぜ間違うのか」、鳥飼玖美子は「英語コミュニケーション能力は測れるか」を執筆しています。

巻末には、歴史を専門とする江利川春雄の発案で、一九七〇年代以降の「英語教育政策年表」と、四人の活動を「獅子《しし》奮迅録」として入れました。「獅子奮迅録」を読むと、二〇一三年四月から六月までの三カ月だけでも、各種メディアがこの問題を取り上げ、四人がそれぞれ対応していることがわかります。

ひつじ書房からは、その後、四人のブックレットが連続して刊行されました。『学校英語教育は何のため?』(二〇一四)、『「グローバル人材育成」の英語教育を問う』(二〇一六)、『英語だけの外国語教育は失敗する：複言語主義のすすめ』(二〇一七、鳥飼はCEFR(欧州言語共通参照枠)について詳述)。毎号の「獅子奮迅録」では、四人が大学入試改革について講演や取材等で発信している記録が残されており、ブックレット刊行の度にシンポジウムを開催して聴衆に訴えてきました。

したがって、少なくとも一部の教員・研究者と、出版界を含めたメディアは、大学入試改悪をなんとかしようと努力はしていました。しかし、世論を動かすまでには至らず、厚い壁に向かって虚しく叫んでいるようでした。

二〇一四年「英語教育の在り方に関する有識者会議」

二〇一三年に時計の針を戻すと、一二月一三日に文科省は「グローバル化に対応した英語教育改革実施計画」を発表し、入学試験において「四技能を測定可能な英検、ＴＯＥＦＬ等の資格・検定試験等の活用の普及・拡大」を宣言します。

そのための「英語教育の在り方に関する有識者会議」は、二〇一四年二月二六日に設置され同年九月二六日まで続きます。吉田研作座長と一一名の委員で構成されました。

その間、同時進行で「英語力の評価及び入試における外部試験活用に関する小委員会」において「英語力の評価及び入試における外部試験活用推進方策について」及び「活用が望ましい外部検定試験の特性について」の二点が審議され[10]七種類の民間試験とＣＥＦＲの対照が検討され、二〇一四年七月四日には「審議のまとめ」が発表になりました。[11] この小委員会には、吉田研作主査に加え松本茂、三木谷浩史《ひろし》、安河《やすこ》内《うち》哲也ら六名の委員が入りましたが、民間試験の導入に慎重な大津由紀雄委員は外されています。

九月二六日には「英語教育の在り方に関する有識者会議」の報告と提言が公表されました。これには、「入学者選抜に、四技能を測定する資格・検定試験のさらなる活用」に加え、「大学入試センター試験及び個別大学入試における英語の試験を廃止し、四技能をより正確に測る英語の資格・検定試験に代替すべきとの指摘があった」とも記載されました。付け加えただけのようなこの一文こそが、基本方針となる重要部分だったことが、後に判明します。

二〇一四年「中教審」答申から「連絡協議会」、二〇一五年「システム改革会議」へ

二〇一四年一二月二二日に中央教育審議会が「新しい時代にふさわしい高大接続の実現に向けた高等学校教育、大学教育、大学入学者選抜の一体改革について」の答申を出しました。英語については、「四技能を総合的に評価できる問題の出題（例えば記述式問題など）や民間の資格・検定試験の活用により、「読む」「聞く」だけではなく、「書く」「話す」も含めた英語の能力をバランスよく評価する」ことなどが盛り込まれました。

文科省内では、「英語力評価及び入学選抜における英語の資格・検定試験の活用促進に関する連絡協議会」（連絡会議）が設置され、第一回会議が二〇一四年一二月二日に開催されました。

「四技能の評価」「入学者選抜の改善」「英語の資格・検定試験の活用の在り方」について検討・協議を行うための会議で、英語の資格・検定団体、学校関係者、専門家、三木谷浩史（楽天会長兼社長）など経済団体から委員三〇名の構成です。大学入試センターからは二名。

英語民間試験団体は後に認定される事業者全社から委員が送り込まれ、「作業部会」にも委員として入りました。「利益団体」が文科省と一体となり「四技能」試験を推進していく体制が随所に現れています。

例えば「連絡協議会」第二回会議（二〇一五年三月一七日開催）では、日本英語検定協会・教育事業部長の塩崎修健《しゅうけん》委員から「連絡協議会に参加している九つの試験を運営している六つの試験運営団体が懇談会という形で連携し、『英語四技能試験情報サイト』を作った」との報告がなされています。このサイトでは「文部科学省英語教育関連情報」欄を設け、「英語力評価及び大学入学者選抜における資格・検定試験がどのような意味で有効なのか」を分かりやすく説明する、九つの試験一覧でCEFRとの換算が一目で分かるようにする、「文部科学省様の方で作っていただいた表などをベースに掲載させていただいております」との説明でした。

このサイト（4skills.jp）は、二〇二〇年三月三一日に閉鎖となりました。

「連絡協議会」会議は二回しか開催されておらず、実際の作業を行った「作業部会」（吉田研作座長）は非公開なので、議事録が公開されている二回の会議から重要部分を抜粋してみます。
二〇一五年三月の第二回会議では、「行動指針」案が示され、後に問題となる点がほぼ網羅されています。これをきちんと詰めていれば、「杜撰《ずさん》な制度設計」にはならなかったかもしれないのに、なぜそれができなかったのか。
議事録から、理由を予見できる箇所があります。作業部会で次の意見が出たことが、圓入《えんにゅう》由美・文科省初等中等教育局外国語教育推進室長から紹介されています。

負担軽減の観点からは、新テストの中では四技能測定を行うということを前提にした方策、国がある一定の責任をもってコスト面も含めてはかる範囲を想定して実施すべきではないかという趣旨で、このような御意見がございました。

一番コストとしてかかりますのが、会場費と、それから試験監督ということでございました。

試験団体は民間企業ですから収益を出さなければならない。文科省から受検料の減額を依頼されても、ならばコスト削減の方策を考えて欲しい、となったことがうかがわれます。経費削減策として出てきたのは次の案でした。

例えば学校の会場を貸していただくとか、試験監督を、これは御負担もあるかと思いますが、教職員の方々に少し一定のトレーニングを受けていただくと。マニュアルを読んでいただくというようなことを含めて御協力をいただくといったことがございますと、少しコストを下げることもできるということもございました。

具体策として、「学校の関係者の方々と試験団体の方々が相互協力の仕組みを作って、実施を意識して回数を増やしていくという取組を進めてはどうかと。例えば、協働プロジェクトというものを、コストを下げるということを含めて検討してはどうか」との提案です。

要するに、学校を試験会場に使い教員を試験監督にすれば「経費削減」になるので「協働プロジェクト」なる提案が出てきたとみられます。入学試験実施団体が受験生の通う高校と「相互協力」する、という発想の異様さに気づいた関係者はいなかったのでしょうか。

専門家からの警告

非科学的だと酷評された「CEFR対照表」についても、この会議に出席していた大学入試センターの専門家二名が、警告を発していました。したがって、得点換算表について「精《せい》緻《ち》なものを作るということは難しい」と二〇一五年時点で文科省は認識していました。

荒井克弘《かつひろ》・研究統括官（当時）は、高等教育専門家として、大学入学者選抜は、高校教育の到達度試験だけで判定されるものではないことを、次のように筆者に説明しています。

高校教育の基礎的な学習内容に、大学教育で必要になる基礎的な知識・能力を加えてそれを総合評価して選抜するのが通常です。つまり、大学入学者選抜に課せられているルールは学習指導要領という枠と高校教科書という素材だけです。それをどうアレンジするかは大学教員の技量しだいというわけです。それはときに共通試験と個別試験の組みあわせというかたちをとりますが、共通試験自体においても作問する際の重要なテーマです。高校教育の到達度に大学教育の必要を重ねることで、選抜評価の条件が成り立ちます。

このような観点から、荒井氏は連絡協議会会議で、「どの外部テストの利用が可能かというところは、相当慎重に議論しなければならない」と注意を喚起し、次のように説明しました。

それぞれの外部テストが尺度化されているということでございますけれども、尺度化する前提として、基準集団、どういう集団がそれを受けて、そういうスコアが出ているかということが、比較のための必須条件でございますので、単にスコア同士の散布図や表を作り、その相関係数がどうであるかということで単純に決まるものでもございません。

同じ大学入試センターの大塚雄作・研究副統括官（当時）も、「対応付け」をするためには、母集団が同一であるとか、測定の目的が同一であるとかの前提が必要であり、「測定の対象が違う場合には、この種の対照表が何を意味するのかという問題が生じる」として、次のように付け加えました。

一点ごとに対照するというのは測定論的にはかなり難しい。測定というのは必ず誤差を含みますから、ある幅をもってしか対照というのはできないはずですので、そういう意味で、今の選抜試験などの英語の得点に代える点数として、あるテストの何点であれば選抜試験の英語のテスト何点という形での一対一の対照表というのはかなり無理が出てくる可能性が大きいです。特に中段ぐらいのレベルでは、誤差が広がって、対応づけが難しい。

第二回会議では、大塚・研究副統括官が、「教育測定・教育評価専門の立場からは、高大接続答申は相容れないことが次々出てきて戸惑う部分が多々あります。これがもしうまく達成できれば、「プロジェクトX」に取り上げられる」と皮肉っています。

荒井・研究統括官も、再度、専門的な立場から注意を促しましたが、受け入れられることはありませんでした。「大学入試で大学教員が作問と採点をするのは当たり前であり、大学入試の一環だから共通テストの作問者は原則として大学教員に限られる」という当然の前提が崩れ、二〇一九年には国会での記者会見などで反対を表明せざるをえませんでした。

二〇一五年三月五日には、新たなテストについての具体案を議論する「高大接続システム改革会議」（システム会議）が設置され、翌二〇一六年三月三一日に「最終報告」が出ました。

座長は、安西祐《ゆう》一郎《いちろう》・中教審会長（当時）。メンバーは二七名で、委員の一人であった南《は》風《え》原《ばら》朝《とも》和《かず》・東京大学高大接続研究開発センター長（当時）によれば、国語などに記述式問題を導入する案をめぐって熱い議論が交わされていたけれど「英語試験については、ほとんど話題になっていない」[12]と証言しています。

二〇一六年八月の変

それでも「高大接続システム改革会議最終報告」では、「平成三十二（二〇二〇）年度当初からの実施可能性について十分検討する必要がある」「英語の多技能を評価する問題の実施時期については、受検者[13]や大学の負担の軽減、採点期間の確保などの観点から、マークシート式問題とは別日程で実施することも検討する」とあって、大学入試センターが主体となっての実施方法を検討するつもりでいたことが示唆されています。このような慎重さが一変するのが、二〇一六年八月三一日に文科省が出した「高大接続改革の進捗状況について」です。

「スピーキングとライティングを含む四技能評価の実現のためには、日程や体制等の観点から、民間の資格・検定試験を積極的に活用する必要」があることを理由に、将来的には「資格・検定試験の活用のみにより英語四技能を評価することを目指す」と踏み込みました。

大学入試センターがリーディングとリスニング試験を実施し、民間試験のライティングとスピーキングの二技能試験の結果と合わせるという案も残っていたようですが、将来的には民間試験の活用のみによる四技能評価を目指すと明記されました。

どうやら、「高大接続システム会議 最終報告」が出た二〇一六年三月三一日以降、八月三一日に文科省「高大接続改革の進捗状況について」が発表になるまでの五カ月間に何かがあって、英語民間試験活用が強引に進められたようです。

この〈謎の五カ月間〉については、二〇二〇年二月七日に開催された「大学入試のあり方に関する検討会議」の第二回で、教育学者の末冨委員（日本大学教授）が質問し、なぜこの五カ月で英語民間試験に対する文科省の姿勢が変わったのかを問いました。

これに対し塩崎正晴・文科省大臣官房政策課長は、「連絡会議」[14]や「準備グループ」[15]の存在を示しながら、「一番大きいのが、とにかく英語四技能についてきちんとバランスよく評価をするためにどうしたらいいのかという前提があった」と答弁しています。つまり、「四技能」とは何か、「話す力」の何をどう測定するのかなど、根本的な問題についての議論はないまま、「とにかく英語四技能」で突っ走った様子が浮かび上がります。

同じ第二回では、企業経営者の益戸《ますど》正樹委員が「今回の件は、どうも結論が先にあったのではないでしょうか。その理由は、二〇二〇年というターゲットイヤー的な目標が定められていて、それに縛られ過ぎていたのではないか」と述べ、次の第三回では、文科省の会議で大学入試改革に関わった吉田晋《すすむ》委員も「要はオリンピックイヤーに合わせて」と証言しています（詳しくは「終章」を参照して下さい）。

「東京オリンピックの二〇二〇年」を目標にしたため、各方面から意見や疑問、反対などがあったものの突っ走り、二〇一七年五月に実施案の二者択一が文科省から提案された頃には、英語民間試験の導入は決定されていた、と考えられます。

二〇一七年「実施への加速」、二〇一八年「民間試験八団体発表」

二〇一七年五月一六日には、実施へ向けて具体的な二案が公表されました。

A案は、「平成三二年度（二〇二〇）以降、共通テストの英語試験を実施しない。英語の入学者選抜に認定試験を活用する」。B案は「共通テストの英語試験については、制度の大幅な変更による受検者・高校・大学への影響を考慮し、平成三五（二〇二三）年度までは実施し、各大学の判断で共通テストと認定試験のいずれか、又は双方を選択利用できることを可能とする」というものです。

この二つの案については、国立大学協会（国大協）、日本私立大学連盟、日本私立大学協会などから意見書が出ましたし、パブリックコメントもありました。

全国の国立大学法人でつくる国大協は二〇一七年六月一四日付の意見書で、民間試験の入試導入について「適切かつ有効な導入の確固たる見通し、特に実施手法や評価方法の正当性や公正性の担保等についての説明責任が果たされるべき」として、次の点について詳細を示すよう文科省に求めました[16]。

（民間試験）認定の基準及びその方法
学習指導要領との整合性
受験機会の公平性担保、受験生の経済的負担軽減等の具体的方法
異なる認定試験の結果を公平に評価するための対照の方法

ところが国大協は、文科省からの回答がないにもかかわらず、なぜか五カ月後の一一月に、「一般選抜の全受験生に対し大学入試センターが作る試験と民間試験の両方を課す基本方針」を決定し、二〇一八年三月には民間試験の成績の利用法に関するガイドラインを発表するに至りました。

さて、二〇一七年七月一三日には、文部科学省が「大学入学共通テスト実施方針」を発表しました。

当初の二案から、B案を採用し、共通テストの英語試験を「平成三五年度までは実施」することとし、資格・検定試験を大学入試センターが「認定」、「その試験結果及びCEFRの段階別成績表示を要請のあった大学に提供する」となりました。

ところが、同年一一月八日になると、「大学入試英語成績提供システム参加要件」が発表され、この「参加要件」は「法的根拠に基づく認定制度ではない」と明記されました。「あくまで成績提供システムに参加するための要件」であるという説明で、つまり「民間試験そのものの質や内容を評価するものではない」というのです。これ以後、大学入試センターは「認定」という言葉を使わなくなりました。

これが意味するところは、やがて明らかになります。民間試験実施上の問題が多々出てきた際、文科省はなすすべがなく、民間試験事業者に「お願いする」だけでした。「認定ではない」ということは、事実上の「丸投げ」だったのです。

成績提供システムに参加するための「要件」については、一二項目ほど挙げられています。確かに外的条件の列挙ですが、受検生の所属高等学校の教職員が、「試験監督責任者にならないこと」「採点に関わらないこと」も一応は注意が書かれています。二〇一九年一一月一日に英語民間試験導入の延期が発表された後、自民党内では元・文科大臣の何人かが「公立高校を試験会場にして教員に試験監督をやらせれば、全国で実施できるじゃないか」と反論したと報道されましたが、試験監督をするくらいなら構わない、ということでしょうか。

英語民間試験の内容に関するものとしては、唯一、「高等学校学習指導要領との整合性が図られていること」との項目がありましたが、二〇一八年三月二六日に公表された八種類の民間試験[17]をみると、極めて難易度の高い試験があり、首をかしげざるをえません（詳しくは「終章」）。

このうち、TOEICを運営する国際ビジネスコミュニケーション協会は、二〇一九年七月二日になって、「受験申込から、実施運営、結果提供に至る処理が当初想定していたものよりかなり複雑なものになることが判明」「当協会として本システム運用開始において責任をもって各種対応を進めていくことが困難であると判断」したと説明し「大学入試英語成績提供システム」への参加を取り下げました。

二〇一八年　批判の高まり

二〇一八年は、専門家による講演やシンポジウムなども活発になり、中でも大きな注目を集めたのが、二月一〇日に開催された東京大学高大接続研究開発センター主催のシンポジウム「大学入学者選抜における英語試験のあり方をめぐって」でした。南風原朝和センター長が司会、石井洋二郎（東大副学長）が開会の辞を述べ、講演及びパネルディスカッションの登壇者は次の通りでした（肩書きは当時）。

山田泰造（文部科学省高等教育局大学振興課大学入試室長）、片峰茂（国立大学協会の前入試委員長）、込山智之《こみやまともゆき》（ベネッセコーポレーションGTEC開発部長）、羽《は》藤《とう》由《ゆ》美《み》（京都工芸繊維大学教授）、阿部公彦《まさひこ》（東京大学准教授、『史上最悪の英語政策：ウソだらけの「4技能」看板』（ひつじ書房）を前年一二月に刊行）、宮本久也《ひさや》（全国高等学校協会長・東京都立西高等学校長）。

国大協は、英語民間試験導入案について文科省に詳細な説明を求める意見書を出していながら、その回答が全くないまま、新執行部が突如、「活用」に舵《かじ》を切りました。この点について、片峰・前長崎大学長は、「国立大学としての一体的対応」「改革実施まで時間がない中、できるだけ早期の方針決定」の必要性を理由に挙げました。しかし受験生が被る不利益を考えれば、十分に納得がいく説明とは言い難く、逆に、何か深い事情が裏にあったのではないかとの疑念を拭いきれませんでした。

パネルディスカッションでは、英語民間試験導入の是非について全ての国立大学に配布したアンケート調査の期限が一週間後で、学内で十分に検討する時間的余裕のないまま事務職員が急いで回答を返送した大学が少なからずあったことが露呈しました。

圧巻だったのは、スピーキング・テストには賛成だけれど、今回の制度は問題が多過ぎると指摘した羽藤教授でした。勤務大学でスピーキング・テストを開発した経験をもとに、実際に起こり得る問題の数々を具体的に例示し、会場に戦慄が走りました。

このシンポジウムに登壇した南風原・羽藤・阿部・宮本諸氏に、当日は参加できなかった荒井克弘・大学入試センター名誉教授が加わり、共著で緊急出版したのが、南風原朝和（編著）『検証　迷走する英語入試　スピーキング導入と民間委託』（二〇一八年六月、岩波ブックレット）です。

他に二〇一八年の関連出版として、一月に鳥飼玖美子『英語教育の危機』（ちくま新書）、同じちくま新書から九月に紅野《こうの》謙介《けんすけ》『国語教育の危機　大学入学共通テストと新学習指導要領』が相次いで出版されました。

主要紙による取材が増え、CEFRについて猛勉強する記者も出てきました。日経新聞教育面では南風原氏に加え鳥飼も二回執筆しています。[18]

並行して二〇一八年六月頃から、羽藤教授と南風原教授は何度か各政党の議員を議員会館に訪ね、野党合同の勉強会を開いてもらい、国民民主党の朝のヒヤリングに出席するなどして政治家の理解を得ようと努めました。羽藤教授によれば、「当時はまだ政治家がこの問題を大きくとりあげてくれるには至らず、虚しい思いで京都に戻っていた」とのことですが、翌二〇一九年の夏以降に野党議員が活発に動いた背景には、前年の努力があったと思われます。

激動の二〇一九年

二〇一九年に入ると、三月二三日に日本学術会議シンポジウム「学術から考える英語教育問題　CEFR、入試改革、高大接続」が開かれました。「言語・文学委員会」「文化の邂逅《かいこう》と言語分科会」の共同主催、後援は東京大学教養学部英語部会。前年から議論を続け実現したものです。総合司会は伊藤たかね（東京大学教授）、パネルディスカッションのファシリテーターは斎藤兆史（東京大学教授）、開会の辞は松浦純（言語・文学委員会委員長）、閉会の辞は木部暢子《のぶこ》（国立国語研究所副所長）。パネリストは次の通りでした。

鳥飼玖美子（立教大学名誉教授）「複言語主義から生まれたＣＥＦＲ：その目的と理念」
石井洋二郎（東京大学名誉教授）「入試改革の理念と現実」
杉山剛士《たけし》（前埼玉県立浦和高校長）「高校現場から見た高大接続改革と英語教育」
指定討論者：林徹（放送大学特任教授）、原田範行（東京女子大学教授）

シンポジウムは東京大学駒場キャンパスで開催され、学術的な内容にもかかわらず、多くの参加者が熱心に耳を傾けました。石井洋二郎・元東大副学長は発表で、入試を改革して教育を変えようとするのは「目的と手段の逆転」であると、東大で検討されたことのある「秋季入学構想」を事例に論じました。[19]

新しい大学入学共通テストは二〇二〇年一月実施ですが、その前年に英語民間試験を受検しなければならないため、二〇一九年になると高校生たちが英語民間試験について調べ始めました。すると、一体どうしたら良いのか困惑するような制度で、質問された教員も答えられません。制度自体が複雑な上、情報が不足していました。文科省は慌ててポータルサイトを立ち上げましたが、結局は各民間試験に問い合わせないと受験日程や会場、試験方法などの詳細が分かりません。受験勉強どころか情報収集に膨大な時間を費やすことになり、ツイッター上で、受験生、保護者、高校や大学の教員から悩みや怒りの声が続々と寄せられるようになります。

六月一八日には、有志が署名を集め国会に「英語民間試験の利用中止を求める請願書」を提出しました。（詳しくは第二章）しかし「審査保留」のまま六月二六日に国会会期終了となり、「審査未了」という結果で終わりました。ただ、この時の記者会見の影響でしょうか、七月以降のメディア報道はさらに急増し、社説の増加も目立つようになりました。

そのような状況であるのに八月一六日、英語入試改革に反対するツイートに対して柴山昌彦《しばやままさひこ》文部科学大臣が「サイレントマジョリティは賛成です」と返し、ツイッターで大臣発言への怒りが炎上しました。二四日には、柴山大臣に抗議した大学生が警察に排除される事件が起きました。「言論弾圧」との批判に対し文科大臣が「大声を出す権利は保障されていない」と主張し「言論の自由」論争となりました（八月の出来事の詳細については、第一章、第二章をお読み下さい）。

そしてツイッターでの呼びかけで、八月三〇日の金曜夕方には文科省前で抗議活動が行われました。第二回が九月六日、第三回は、内閣改造で柴山大臣が萩生田《はぎうだ》光一大臣に交代した後の九月一三日でした。一〇月四日には国立大学協会前でも抗議集会を行いました。毎週金曜の夕刻になると文科省前では、教師、高校生、研究者が集まり、次々とマイクを握って意見を述べ、やがて野党議員も参加するようになりました（文科省前抗議活動については第二章、第三章で詳述します）。

一〇月一三日には、緊急シンポジウム「新共通テストの二〇二〇年度からの実施をとめよう！」が東京大学で開催されました。呼びかけ人と登壇者は、大内裕和《ひろかず》・中京大学教授、中村高康《たかやす》・東京大学教授、吉田弘幸《ひろゆき》・予備校講師、紅野謙介・日本大学教授、阿部公彦・東京大学教授でした。新共通テストまで約一年四カ月、英語民間試験受検まで約七カ月しかないため、見切り発車で受験生が被害者になり将来にも禍根を残すと主張、新共通テストの二〇二〇年度からの実施を見送り、これまで指摘されてきた問題点を冷静に再検討することが必要だと提言しました。高校生も発言して訴えるなど、緊迫感に満ちた集まりでした。

この頃になるとテレビの取材も活発になり、NHKは社会部の報道に加え、「時論公論」[20]で西川龍一《りゅういち》・解説委員が大学入試改革を頻繁に取り上げ、客観的な分析をもとに解説しました。鳥飼は、一〇月一六日放送のNHK「視点・論点」に出演。「大学入学共通テスト 英語民間試験を考える」で、制度設計の構造的欠陥を七点に整理しました。「共通テスト」でありながら民間事業者の運営に任せる点、多種の民間試験は比較が困難、経済や地域の格差、出題・採点のミスや機器トラブルへの対応、利益相反の疑い、高校英語教育が民間試験対策に変質、「採点しやすさ」を目指す出題は本来のコミュニケーション能力を評価することにならないと説明しました。〈巻末資料を参照〉

一〇月二四日、BSフジの報道番組に出演した萩生田文科大臣は、英語民間試験の不公平性を問われ「身の丈に合わせて頑張ってもらえれば」と発言。これが世論の怒りをかったことについては本文で詳しく語ります。

一一月一日には、とうとう「英語民間試験導入」延期が発表となりました。英語民間試験を受検するための成績評価システム共通ＩＤ申請の開始日でした。こうなった背景には、ここまで説明してきたような積み重ねがあり、さらに一〇月になっても未だ全国で民間試験会場を確保できていないという実際的な問題もありました。

一一月五日には、衆議院文部科学委員会が開催されました。参考人として招致されたのは、吉田晋・日本私立中学高等学校連合会長、萩原聡・全国高等学校長協会会長、山崎昌樹・ベネッセコーポレーション学校カンパニー長、羽藤由美・京都工芸繊維大学教授の四名でした。

その後も、一一月二四日に、大内裕和・中京大教授ら教育現場の有志でつくる「入試改革を考える会」が「大学入学共通テスト（二〇年度開始）に反対するシンポジウム」を開催。国語と数学の一部に導入される記述式問題や、「主体性を持って多様な人々と協働して学ぶ態度」を評価するために高校生活の活動を記録する「ｅ－ポートフォリオ」などをテーマに、「共通テストの中止」を求めました。

一二月六日には、高校教員や高校生たちが再び文部科学省前に集まりました。英語民間試験導入の延期は決まったものの、国語と数学の記述式問題導入も課題が山積でした。記述式問題の採点はベネッセホールディングスの子会社が受託することになっていましたが、五〇万人規模の採点を二〇日間程度で行うため約一万人の採点者が必要となり、学生アルバイトも使うことによる採点のミスやブレへの懸念が大きくなっていました。過去二回の試行調査では受験生の自己採点と実際の得点のズレもあり、受験生は自己採点の結果で出願先を決めるため不安の声が上がっていました。専門家の分析でも、記述式問題のあり方そのものが疑問視され、抗議に集まった人たちは、「白紙に戻し、共通テストを中止すべきだ」と訴えました。

そして一二月一七日、萩生田文科大臣は、「国語と数学の記述式問題導入を見送る」と発表しました。「英語民間試験導入」は「延期」で、「記述式問題導入」は「見送り」、と使い分けていました。

大学入学共通テストは、「英語民間試験」「記述式問題」という二本柱を失いましたが、英語民間試験を外し記述式問題を外したまま、実施予定です。

本書の主役である三人の若者は、二〇一九年のいずれかの時点から問題意識を持ちはじめ、抗議活動に参加するようになりました。第一章で、三人がどのようなきっかけで英語民間試験導入に反対するようになったのか、一人ずつ聞くことから本書を始めます。

1 詳細は、大森和夫（一九八七）『臨時教育審議会三年間の記録―発足から最終答申まで臨教審のすべて』（光書房）、江利川春雄（二〇一八）『日本の外国語教育政策史』（ひつじ書房）、鳥飼玖美子（二〇一四）『英語教育論争から考える』（みすず書房）、鳥飼玖美子（二〇一八）『英語教育の危機』（筑摩書房）、寺崎昌男（二〇二〇）『日本近代大学史』（東京大学出版会）

2 江利川春雄（二〇一八）『日本の外国語教育政策史』（ひつじ書房）

3 大森和夫（一九八七）『臨時教育審議会三年間の記録～発足から最終答申まで臨教審のすべて』光書房

4 中央教育審議会答申「二一世紀を展望した我が国の教育の在り方について」（一九九七年）、大学審議会答申「二一世紀の大学像と今後の改革方策について」（一九九八年）、教育改革国民会議報告「教育を変える一七の提案」（二〇〇〇年）、教育再生会議第二次報告（二〇〇七年）、経済財政諮問会議「経済財政改革の基本方針二〇〇七」（二〇〇七年六月閣議決定）

5 石井洋二郎（二〇二〇）『危機に立つ東大―入試制度改革をめぐる葛藤と迷走』（ちくま新書）

6 日本教育学会（広田照幸会長）は二〇二〇年五月二二日に「九月入学よりも、いま本当に必要な取り組みを」と提言。宛先は安倍晋三首相と萩生田光一文科大臣。

7 苅谷剛彦（オックスフォード大学教授）研究チームによる複数回の調査（二〇二〇年五月）

8 中室牧子・慶應義塾大学教授による文科省検討委員会での発表「科学的根拠に基づいて「九月入学」を考える」（二〇二〇年五月一八日）

9 二〇一三年四月八日「第一次提言」、二〇一三年五月二三日「第二次提言」

10 https://www.mext.go.jp/b_menu/shingi/chousa/shotou/102/shiryo/attach/1347390.htm（2020.5.25検索）

11 https://www.mext.go.jp/b_menu/shingi/chousa/shotou/102/102-2/houkoku/1350999.htm（2020.5.25検索）

12 南風原朝和（二〇一八）「英語入試改革の現状と共通テストのゆくえ」、南風原朝和編『検証　迷走する英語入試：スピーキング導入と民間委託』（岩波ブックレット）

13 民間試験を受けるのは「受検者」、入学試験を受けるのは「受験者」と区別します。

14 英語力評価及び入学選抜における英語の資格・検定試験の活用促進に関する連絡会議

15 大学入学希望者学力評価テスト検討・準備グループ

16 南風原朝和編　前掲書　二三―二四頁、六六―六八頁

17 ケンブリッジ英語検定、TOEFL iBTテスト、IELTS、TOEIC、GTEC、TEAP、TEAP CBT、実用英語技能検定（英検）

18 「英語教育改革 まず検証を 「話す力」求め一直線　三〇年、成果乏しく」（日経新聞六月四日付）、「複数の英語試験 入試活用「欧州基準」で換算不適切」（日経新聞九月一七日付）、「発言 公平性保てぬ英語民間試験」（毎日新聞一〇月一八日付）等々

19 二〇二〇年一月に刊行となった『危機に立つ東大―入試制度改革をめぐる葛藤と迷走』（ちくま新書）で詳しく論述されています。

20　ＮＨＫ解説委員室　解説アーカイブス「時論公論」https://www.nhk.or.jp/kaisetsu-blog/100/

第一章　大学入試改革への関心、そして「サイレントマジョリティ」発言

なぜ大学入試改革に関心を持ったのか

大学入学共通テストに英語民間試験を使うという大学入試改革に対して起こった反対運動では、大学生一人と高校生二人が大活躍しました。この三人は、どういうことからこの問題に関心を寄せるようになったのでしょうか。

第一章では、まず、そもそもの出発点から聞いてみます。

「こばると」くんの場合

「こばると」こと音晴くんは、二〇一九年当時は高校二年生でした。まさに大学入試改革に直撃される当事者です。でも、英語民間試験導入については、当初、それほど関心はなかったようです。

音晴　意識的に見てみたことがあんまりなくって。もちろん変わるらしいということは聞いていたくらいの感じだったんですけど。そこまで中身を注視して見たことがなくって。

そのような、ごくふつうの高校二年生が、英語民間試験導入に関心を抱いたきっかけは、ツイッターでした。

音晴　高校で有名だった先生がいらっしゃって、その先生のツイッター・アカウントがあることを知ったので、たまにそういうのを見てたんですけど。

「高校で有名だった先生」というのは、筑波《つくば》大学附属駒場高校で非常勤講師として英語を教えていた田中真美先生でした。名物教師として知られ、直接の教え子ではない音晴くんも噂《うわさ》を聞いてツイッターでフォロー[1]するようになりました。

その田中真美さんは「英語民間試験導入」に疑問を感じ、意見をツイッターに投稿しはじめました。同じ頃、危機感を抱いた羽《は》藤《とう》由《ゆ》美《み》・京都工芸繊維大学教授も問題点を指摘し、多くの人たちが、ツイッターで問題の所在を知ることとなりましたが、音晴くんもその一人です。

音晴　田中真美先生が「リツイート」されたり、積極的に呼びかけなさっていたので、それで羽藤先生のアカウントを知って。で、いろいろサイトとかを見て、何だかやっぱりこれはおかしいぞ、っていうことに気がついてっていう感じですね。

「リツイート（re-tweet）」は、このツイート（tweet 投稿）は重要だなと考えた人が、そのまま転送するツイッター機能の一つで、多くの人々がリツイートすることで、情報が拡散されます。羽藤由美さんが専門家の立場から投稿したツイートの重要性を理解した田中真美さんが、その投稿をリツイートし、それを読んだ音晴くんが（他の多くの人たちと同様に）、専門的な立場からの意見を知ることになりました。

そして音晴くんは、英語民間試験導入の制度設計の危うさを認識するようになります。

音晴　やっぱり民間試験が実際、試験として入試で運用するとなると、実際にその基準として比較に値する基準かどうかとか。あと、完全に事務的なトラブル。試験場でのトラブルだったり、受付でのトラブルだったりっていう。そういうのが絶対起きないようにしなきゃいけないものだと思うんですけど。そういうのがやっぱり確かじゃないっていうふうな。入試っていうものに使うインフラの一部として使うのにちゃんと値しているのかっていうのがあやふやなのに、何となくよさそうだからっていう理由だけで導入しようとしているっていう感じがすごくして。

「ひっきたい」くんの場合

「ひっきたい」こと服部《はっとり》くんは、英語民間試験導入反対運動が起きた二〇一九年は大学一年生で、すでに受験は終えており、新たな大学入試制度に影響を受けることはありません。それなのに、国会請願の署名を集めたり、安倍首相の秋葉原での演説（七月二〇日）や、埼玉県知事選での柴山《しばやま》文科大臣の応援演説（八月二四日）に出かけて行くなどの抗議行動をしたのはなぜなのか、質問してみました。

服部　高三のとき、大学受験の勉強していて、大学の先生とか予備校の先生をフォローしてたんですよ、ツイッターで。やっぱそうすると、英語の勉強の話だとか、大学がどうだっていう話と、だんだん大学入試改革の話が始まっていったんですね。民間試験っていうのが始まると。これはちょっとやばいなという話を、すごい先生方がしだして。

ところが、服部くん自身は、英検やTOEICなどの民間試験を受けるのが好きだったし、本人の言葉を借りれば「高校生のときってだいぶ視野が狭いですし、特に何も考えずに、英検、使うっていうんだったらそれはそれでいいかな」「受検料が高いとかいっても、一万円とかでしょ」程度の認識でした。

それが、自分の大学受験が終わって、無事に志望校に進学することになったときに、「改めてちょっと制度について調べてみたら、ちょっとこれは大変なことになるぞっていうことが実際にわかった」というのです。

そこで、なぜ「改めて制度を調べた」のか聞いてみました。

鳥飼　合格したあとまで調べるっていうのは、どういうことなんでしょうね？

服部　私自身が結構、英語を勉強して、自信をつけたという面がすごいあって。

　やっぱりそうなると、どうなってるんだろうみたいにちょっと調べちゃうんですけれど。例えば大学生、結構、思い出としてセンター試験解いてみたりとかもしてる人も多いですけれど、そういう感じでちょっと調べてみたら、よくよく見たらちょっと大変だなっていう。

　実際、大学に入って、いろんな話を聞くだとか、ニュースを見るだとかしたときに、これはちょっと大変だなっていうこと改めてわかったんで、ちょっとそれはやばいんじゃないかという。


　大学に入学してからも関心を持ってSNSなどでの情報を読んでいるうちに、六月になって国会請願の署名活動があり、何かやらなきゃ、と考えたのがきっかけで、服部くんの行動が始まります。

クリスくんの場合

クリスくん（ツイッターではChris Redfield Ken）は国会請願のことを全く知らず、夏休みは「民間試験とかの勉強をし始めたりとか情報収集したかった」のですが、「全然そういうのが出されてなかった」ことに困惑します。

七月にTOEICが参加とりやめを発表した時に不安を感じ、七月中旬に学校で新制度の入試に向けた説明会があったものの、具体的な申請方法や会場などの情報がないことに愕然《がくぜん》とします。

学校の先生も詳細が分からず受験生や保護者からの不満が高まる中、文部科学省は八月二七日になって「大学入試英語ポータルサイト」を立ち上げましたが、結局は、各大学や各民間試験の情報は自分で調べないと分からない上、情報は刻々変わり、受験生は勉強どころか途方もない時間を情報収集に費やすことになっていました。

そのような折、クリスくんは八月一日、日本学術会議の公開シンポジウムに出かけます。それも英語ではなく国語教育のシンポジウムです。なぜ国語なのでしょう。それは、クリスくんが教員志望で、教えたい科目で迷っていたことと関係していました。

クリス　自分のなりたい先生の教科に悩んでたので、その頃は。一応もう日本でずーっと育って、あと、本当に現代文とか大好きだったり、古典も大好きなんで、それの関係で。

あとツイッターでフォローさせていただいてる先生方が割と国語の方が多かったのかな。それの流れで学術会議のシンポジウム知って。で、渡部泰明《わたなべやすあき》先生にお会いしてみたいなって今まで思ってて。前に学校で図書館講演ってのがあって、そのときに渡部先生いらっしゃってたんですよ。で、そのとき行けなくて。お会いしたかったのにもったいないってことで、もう自分から会いに行こうって思って行った。何かミーハー的なきっかけっていうか。

日本学術会議シンポジウム

クリスくんが参加したシンポジウムとは、日本学術会議の「言語・文学委員会」と「古典文化と言語分科会」の共催で、二〇一九年八月一日（木）日本学術会議講堂で開催された公開シンポジウム「国語教育の将来――新学習指導要領を問う」でした。

高等学校国語科の新学習指導要領によって、「現代の国語」と「言語文化」の二科目が必修となり、「論理国語」「文学国語」「国語表現」「古典探求」の四科目が選択科目として新設されます。選択となれば、実際の教育現場では時間数の関係で「文学国語」が敬遠されるのではないかと懸念されているのです。文学が高校の国語教育で軽視されることにならないか。論理的思考力を涵養《かんよう》するのは確かに国語教育の重要な目的のひとつだけれど、実用的な文章を読み分析することがはたしてそれに直結するのか。国語教育は今後どうあるべきなのかをさまざまな立場の関係者が意見交換するのが目的のシンポジウムでした。

クリスくんが会いたかった渡部泰明《やすあき》・日本学術会議会員（東京大学教授）は、「なぜ、そしてどう古典を学ぶのか」について語りました。文科省からは大滝一登《かずのり》・初等中等教育局視学官が出席し、「高等学校新学習指導要領国語科の目指す授業改善」について説明しました。

クリス　シンポに参加したきっかけは、高校の教育について話すってことだったので、今、実際、高校で教育受けてる身としても、そういうメタ的に見たいっていうことと、今、（授業を）受けてるからこそ言えることもあるんじゃないか、って思って参加させていただいたんですけど。

文科省が本当にぼろくそ言われちゃってて。それ、かわいそうだなって思いつつ、いやでも、何か、こんな中で改革してどうなのって。何か全然、中身とか、どんな経緯があってこういうことになってたっていうのは、そのときまだあんまり知らなかったんですけど、え、やりすぎじゃない？　みたいな。改革したいだけじゃないのっ？　て思って。

今、入試もやばいし、それで新しい指導要領で、これ以上に現場の教員に負担が増すようなことであれば、そういう改革も合わせてちょっと止めて、また改めて考えていただきたいです、みたいなことを思い切って、質疑応答のときに文科省視学官の大滝さんなんですけど、ちょっとお願いをしたという感じ。

鳥飼　勇気が要ったでしょう。質疑応答で。

クリス　ちょっと。

（でも）結構、楽しそうに皆さん話されてて。専門家の方々がそれぞれのフィールドでやってることとか、今の問題点とかを結構、面白おかしく話されてたし。大滝さんも全然むすっとしてるわけじゃなくて、ちゃんと仕事を誠心誠意こなしてるっていう感じの印象を受けたので。全体の雰囲気も悪くはなかったし。

鳥飼　だから、手を挙げて。

クリス　はい。直前に大学生とか大学院生とかも質問というよりかは、もう完全に文科省の大滝さんにあてて、これどういうことですか？　みたいな、文学軽視ですね、みたいなことを、みんな言ってて。

しかも実は質疑応答、結構続いちゃってて。やっぱり皆さん言いたいことがいろいろあったし。そのとき、紅野《こうの》先生（紅野謙介・日本大学教授）もいらっしゃって質問されてたのを今、思い出しました。結構、だから白熱して。

全然、時間も足りない中、僕、最初っから手挙げてたんですよ。大体、最初の二、三個目出たあたりで、はいって挙げて。で、ずーっと挙げてたのに全然当てられなくて。一番前ら辺にいたんですけど。そこでずーっと挙げてんのに全然当ててもらえなくて。

じゃあ、次が最後の質問にしますっていったら、大学院生の方が当てられて、あーあってなっちゃったんですけど。「いや、ちょっと、お願いします」って言ったら、そんなに大声出してるわけじゃなくて、ちょっと「えーっ」つって、困ってるふうになってたんですけど。そしたら司会の方が気づいてくれて、「あの方はずっと挙げてましたよって」っていうことで、もう本当にラストの質問だったんですよ。だから、すごい悪目立ちしちゃって。

同じ日本学術会議で「言語・文学委員会」と「文化の邂逅《かいこう》と言語分科会」が共催したシンポジウム「学術から考える英語教育問題、CEFR、入試改革、高大接続」(二〇一九年三月二三日(土)開催)では、質問用紙を集めての討論でしたので、高校生が立ち上がっての質問はありませんでした。

東大・本郷キャンパスで開催された二〇一八年二月一〇日のシンポジウム「大学入学者選抜における英語試験のあり方をめぐって」も同様に、質問用紙を集める形式でした。二〇一九年一〇月一三日の緊急シンポジウム「新共通テストの二〇二〇年度からの実施をとめよう!」では、高校生の姿が増え、当事者としての気持ちを訴えました。

しかし国語教育のシンポジウムでは、高校生はクリスくん以外、いなかったようです。

クリス　高校生、僕しかいないっぽいし、やんないといけないかなっていうところもありました、ちょっとは。そっからもう高校生の声を届けるっていう延長線上で民間試験とかのことについてもふれたり。

高校生の声を届けたい一心で挙手し、質問をしたクリスくんは、シンポジウムのテーマが国語教育であっても、あえて英語民間試験の問題に言及し、文部科学大臣に伝えるよう視学官に依頼しました。その時の視学官の反応を、クリスくんはこんな風に受け止めました。

クリス　ちょっと何か、何だよあいつ、みたいな感じでちょっと何か。

いや、僕は全然、目のかたきにしてるわけじゃないし、ちゃんと伝えたいことを伝えた次第なんですけど。

僕がトップに伝えてくださいって言ったんですよ、最初に。今から言うことちゃんとトップに伝えて、高校生の声ってことでちゃんと届けてくださいって、結構強めに言って。で、そのあとぶわーっとしゃべって、お願いしますって言ったあとに、そしたら、「いや、私のほうからは一言だけ」みたいなこと言って、「いや、わかりました。ちゃんと意見として上に上げますので」って言って、むすっとされて。雰囲気悪ってなっちゃって。

文部科学省初等中等教育局は、小学校・中学校・高等学校の教育に責任を有しており、視学官は通常、前職が教科調査官で、国語や英語など各教科をそれぞれ担当します。現場に精通している必要があることから多くが教員経験者です。

「専門的、技術的な指導・助言を行う職」と位置付けられている視学官が、大きな制度変更についての反対意見を大臣に伝えるよう高校生から詰め寄られ、困惑したのも無理はない気がします。「意見として上に上げます」と答えたのは本心でしょうが、現実には上司に報告するくらいではないか、大臣に直接の報告は難しいのではないかと推察され、「トップに伝えて」と言われて思わず「むすっと」した顔になったのかもしれません。一人の高校生の質問が、上司に報告され、初等中等教育局長を通して文部科学大臣にまで届いたかどうかは、知るよしもありません。

しかし、公開シンポジウムでのクリスくんの質問は、無駄ではありませんでした。

クリス　そのあとに『AERA』の記者さんが声かけてくださって、「高校生が入試改革に異論を訴える異常事態」みたいな記事を出されて、そこで結構、言ったことがちゃんと記事になって世に広がるっていう経験をそこでできたので。

『ＡＥＲＡ』（二〇一九年九月二日号）の記事は、オンラインでも配信され、クリスくんの質問が詳しく紹介されています。

「高校生です。当事者不在の議論に疑問を感じます。高校生の生の意見を、文科省のトップや幹部に伝えてください」「今の時期になってまで制度や問題に変更が加わるような、おぼつかない大学入学共通テストは、早急に延期もしくは中止にしてください」。

さらに『ＡＥＲＡ』取材班に語った言葉として次の感想も紹介されていました。

「ＴＯＥＩＣが英語の民間試験から撤退して、勉強していた人たちはかわいそうと思っていたら、国語や数学の記述問題の採点を大学生がするかもしれないというニュースが流れてきた。と思ったら、今度は数学の記述が数式とかだけになったって。次から次へとこんな状態では、二〇年度実施はどう考えても無理ですよね？　友だちとも、『やばくね？』という話になります」「もし共通テストが失敗したら、犠牲になるのは僕たち高校生です」[2]

三人はこの後、それぞれメディアの取材を受けるようになりますが、それは第四章にゆずるとして、ここでは、実際に抗議活動に参加する前、ツイッターでの言論活動に注目してみます。

文科大臣とのツイッターでの応酬

高校一年からツイッターを始めていた音晴くんは、以前から柴山昌彦文部科学大臣の投稿を読んでいて、反対の意見をツイートしていました。インタビューで語りながら、過去のツイートをスマートフォンで探し、実際のやりとりを見せてくれました。

音晴　「サイレントマジョリティ」（発言）以前のツイートとかにも僕、反応してるみたいですね。柴山さん、よくこの話題に関してはツイートとかしてらしたので。

柴山さんを取り上げて、一般論として感想を述べてるっていうツイートもあれば、柴山さん自体に向けて、いろいろこうじゃないんですかっていうふうに言ってるツイートもありましたね。

鳥飼　それに柴山大臣が、返信したことはあるんですか？

音晴　もちろんないんですけど。

一番あれだったのは、医学部入試の話があって。医学部の女子減点とか浪人減点の話があって。あれを是正するよう文科省から指導したっていうニュースをＮＨＫか何かのニュースになってたのを、「いや、普通の採点に戻しただけでしょ」っていうふうなツイートをしてた人がいて。「それがどれだけ大変なことだったか、わかりますすか」みたいな、ちょっと怒ってるみたいな反応をされてるツイートがあって。

二〇一九年は、多くの医学部で、入試の際に男子の受験生が有利になるよう、女子や浪人の受験成績を調整していたことが明るみに出ました。文科省は当然ながら大学側に是正を求めました。それがいかに大変だったかを柴山文科大臣がツイートしたことに対し、音晴くんは英語民間試験導入に絡めて投稿しています。

いや、不正に点数操作させないで、普通に採点させるだけ。大学にそんな普通の採点させるのがそんなに大変なんだったら、民間団体に、公平に採点させるなんて無理でしょ、みたいな感想を言ったんですよ。

公平な採点を大学に求めるのがそれほど文科省にとって大変なことなら、英語民間試験業者に公平な採点を求めるのは無理だろう、という指摘を、音晴くんは早い時期に文科大臣にしていたことになります。

「サイレントマジョリティ」発言

柴山文科大臣は、二〇一九年八月一六日に、英語民間試験導入について「大半が批判なのに」というツイートに対して、「サイレントマジョリティは賛成です」と返しました。

この発言以前の七月二〇日に、服部くんは安倍晋三《しんぞう》首相の秋葉原での選挙演説に出かけ、「入試改革反対」のプラカードを持って歩いたのですが、「サイレントマジョリティ」発言によって一層、「沈黙していてはダメだ、何としても反対の声を上げて英語民間試験導入を止めなければ」と思いつめ、八月二四日には埼玉県知事選の応援演説に来た柴山文科大臣に抗議し、「柴山、やめろ！」と叫びました。たちまち警官に排除されましたが（詳しくは次章）、その光景が写っている動画や引きちぎられたベルトの写真などがＳＮＳで拡散され、文科省前での抗議活動の引き金になったとされています。

激動のあの夏を振り返ってみると、ツイッターで大学入試改革の問題点が次々と明らかになり、批判が膨れ上がっていたところに飛び出したのが、柴山文科大臣の「サイレントマジョリティは賛成です」発言。これで皆の怒りが頂点に達した、まさにその時、声を上げた一人の若者が排除された事件が起こり、それどころか文科大臣からの事実を歪《ゆが》めた非難にさらされる事態となり、爆発した怒りは行動へと結集したことになります。

ツイッターでの反対意見が、毎週金曜夕方の文部科学省前での抗議活動に発展したことを、音晴くんは次のように分析しています。

音晴　一番最初のきっかけは、「サイレントマジョリティ」っていう、すごい問題発言に、みんなが怒ったたっていう構図で、一つ怒りが収斂《しゅうれん》されたんですけど。

もちろん、「サイレントマジョリティ」っていう発言そのものを責めることが、具体的な方策につながることはあまりないとは思うんですよ。実際に英語民間試験を止めるとか、共通テストどうこうするとかに、「サイレントマジョリティ」発言に対して怒ることが、それに直接つながるとは思わないし。それはそうなんですけど。
ただそこで、一つ、「サイレントマジョリティ」に対して怒ってるっていう一つの共通項で、いろんな議論をしてた人たちが集まって見えるようになるっていうのは、意味があることだと思って。

クリスくんは、「ひっきたい」くんが受けた、SPによる理不尽な扱いについて感じた不信感は大きかったと説明しました。

クリス　柴山さんのSPが、ひっきたいさんを排除してしまったときに、教育問題以前に、「あなた、政治家としてどうなの？」ってところもあって、そう何かちょっと怪しいですよね。東大法卒なのにちゃんと法律をわきまえてない。あれちょっとどうなのって。

そして、「サイレントマジョリティ」発言が、「怒りをもつようになったきっかけ」だと振り返ります。特にクリスくんにとっては、八月一日の日本学術会議シンポジウムでの約束を反故《ほご》にされたという思いが強かったようです。

クリス　トップに伝えてくださいって僕が大滝さん（文部科学省初等中等教育局視学官）に言ったあとに、一六日にあんなツイートされてたんで、伝わってねえじゃん、ってなって。
　伝えないのはまあ、わかりますよ。忙しいだろうし、そんな暇もないのは。そんな、一高校生にそんな特別扱いしてもらえるはずもないとは思ってたんですけど、いい大人があの場所でみんなの前でちゃんと伝えますってお約束してくださったのに、伝わってなかったのかなって思って、とても、悔しい思いをして。

その怒りに加えて、クリスくんは別の角度からも衝撃を受けていました。

クリス　で、「サイレントマジョリティは賛成です」っていうのは、え？　歴史をちゃんと学んでれば、ニクソン大統領が言ったことと全く同じじゃねえかみたいな。

クリスくんが言及した「ニクソン大統領の言ったこと」というのは、一九六九年一一月三日にリチャード・ニクソン大統領がベトナム戦争について国民に語った演説で、Nixon's "Silent Majority" speechとして知られています。

ニクソン大統領は演説で、ベトナム戦争は自分が始めたのではない、前任のジョンソン大統領が米軍をベトナムに送り込んだ、自分が大統領に就任してから何とか戦争を終わらせようと非公式なチャンネルも使って北ベトナムと交渉してきたが、うまく行っていないと明かしました。そして、もう五年目に入って米軍の被害も大きいので直ちに撤退する案もあるが、安易に妥協することは東南アジアの平和を危うくする、として少しずつ兵を減らして戦争を終結する案を提示しました。そして三二分の演説の最後に、こう呼びかけたのです。

So tonight[3], to you, the great silent majority of my fellow Americans, I ask for your support.

（そこで、今夜、偉大なるサイレントマジョリティである同胞のアメリカ人の皆さん、ご支持をお願いする次第です。）

「サイレントマジョリティ（silent majority）」は、「物言わぬ多数派」で、「積極的な発言行為をしないが大多数である勢力のこと」を指します。

ニクソン大統領は、ベトナム戦争に反対する運動が盛んな中、暗に「反対しているのは少数」であり、多数は反対ではない、と示唆したことから、後にこの演説は「サイレントマジョリティ」スピーチと呼ばれるに至りました。

クリスくんがこのニクソン演説を知っていたのは、お父さんが若い頃、ベトナム戦争の当事者として戦争に反対していたことが影響しているようです。

クリス　で、父親も結構高齢なんで、それの当事者だったんですよ、ベトナム戦争の。前線には出てないし、人は直接傷つけたりとかはしてなかったらしいんですけど、父親も戦争反対だったんで。

通信兵。耳に何か障がいがちょっと。で、耳が聞こえづらいみたいな障がいで、パイロットを志望してたんだけど、ヘリとかに乗って通信とかしたりとか。あと、タイピングめっちゃ速かったらしいので、作戦とか状況報告とかをしてたみたいな。結構大変な思い、父親、しちゃったみたいで。で、そのときに当時、反戦デモとかやっぱり、やってたんですよ。

デモとかやっているのに、ニクソン大統領が、いやいや、あれは騒いでるの一部だけだから。サイレントマジョリティは賛成でしょみたいな。

そういう経緯があったのに、いや全く同じこと言ってんじゃん、ってなっちゃって。いやあ、何か歴史は繰り返すんだなっていう。まさかそれで自分が住んでる日本の政治家がこんなこと言ってるんだって。

クリスくんは、それまで政治には無関心だったと認めています。

クリス　僕、それまであんまり政治に関心がなかったというか。

でも実際、自分の受ける教育とかを決めてるような人たちがあんなこと言っちゃうんだってことで、やっぱり半径五メートル以内のことになると自分ごととしてようやく捉えられるようになって。

「それまであんまり政治に関心がなかった」のはクリスくんだけでなく、音晴くんも同じでした。

音晴　僕なんかは、本当に政治とかに興味がないというか、あんまり。まあ、嫌っていうほどでもないけど、積極的に参加するっていうのも、何かそこまでなってっていう感じの、冷めた感じの、考えというか、まあ、スタンスだったんですけど。

なんだけど、やっぱり今回は。例えば、英語だったり教育に関することだったり、自分の例えば軸足というか興味があることで、やっぱちょっとここは譲りたくないみたいな分野ってみんなあって。そういうのを守る一つの手段として、政治っていうのがやっぱりあるのかなっていう気が、今回、いろいろなごたごたを通して、僕が思ったことの一つなんですね。

だから僕自身は政治とかに興味はなかったけど、でも自分が興味がある、例えば教育の分野だったり、学問の分野だったりっていうのの自由だったりっていうのを、ある意味、守る。

服部くんも、「大学入試改革がなかったら、政治なんて興味ないですから」と語っていたように、三人とも政治には興味はなかったのに、それぞれが異なる理由で英語民間試験導入に関心を持つようになりました。

次章では、その三人が、実際にどのように抗議活動に参加したかを追ってみます。

1　英語の follow は「後を追う、たどる」などの意味ですが、ツイッターでは、「誰かが公開しているツイートを自分が読めるよう表示する仕組み」を指します。

2　AERA dot. メルマガ、「英語民間試験『中止』『延期』が九割　高校生が直訴する異常事態」石田かおる　2019. 8. 26 16:00 AERA ＃大学入試

3　http://chnm.gmu.edu/hardhats/silent.html（2020.7.3検索）

第二章　抗議活動に参加

具体的に動き出す

ツイッターでの情報交換が具体的な行動となったのは、二〇一九年六月、国会請願のための署名活動でした。

自分たちの主張を国会で取り上げてもらうために、「請願」という方法があることを六月二日、吉岡公美子・立命館大学教授から知らされた羽藤《はとう》由美《ゆみ》氏は直《す》ぐに南風原《はえばら》朝和《ともかず》氏と阿部公彦《まさひこ》氏に相談し、四日には請願書のたたき台を作成し三人で文章を練りました。

この時期に開かれていた国会への請願受付は六月一九日（水）まで。急ぎウェブサイトを立ち上げ、署名集め開始。電子署名は不可なので、所定の署名用紙に氏名・職業・住所などを記入し郵送するよう呼びかけました。

「二〇二一年度（二〇二〇年度実施）の大学入学共通テストにおける英語民間試験利用の中止を求めます」と標題がついたサイト[1]には、「国会請願は、国民が国政に対する要望を直接国会に述べることのできる、憲法で保証された権利です。日本に住んでいれば、外国人や未成年（たとえば、小・中・高生）も請願することができます」と説明。「皆さんからいただいた請願署名を二〇一九年六月一八日（火）に国会（衆議院・参議院）に提出します」とあり、同じ日に「院内集会」と「記者会見」を行うとの予告もありました。

このサイトには、署名方法の説明や「参考リンク」以外にも、南風原・羽藤・阿部の三氏による「新制度の問題点」があり、参照すれば問題の所在が理解できるようにしてありました。「賛同研究者」のページでは、英語教育学はむろん、テスト理論、教育測定学、計量心理学、高等教育研究、認知科学、発達心理学、社会学、教育社会学、経済学等々、幅広い分野の研究者が加わり、三五名が異なる観点から英語民間試験導入の問題点を論じました。

署名集めには服部くんも音晴くんも参加し、これが二人にとって、初めての抗議活動参加となりました。

国会請願書

ツイッターで国会請願について知った音晴くんは、署名用紙をコンビニで印刷できるようにして、その方法をツイッターで公開したほか、自分の高校でも個人的に署名を集めました。

高校自治会の掲示板に署名のお願いを張り出そうと試みたりもしましたが許可を得るのに時間がかかりそうなので、一般的に呼びかける署名依頼書を作り、配布しました。

音晴　確か僕がその署名呼びかけをしたときに、自分でまとめたやつがあって。そこで多分、自分が何を問題視してたかとかが書いてあるんですけど。

〈二〇二一年度大学入試共通テストにおける英語民間試験導入の中止を求める署名活動のお願い〉

現在わが国では二〇二一年度以降における大学入試改革の一環として、英語科の試験においては、従来のセンター試験に代わって実施される共通テストのほかに、ＧＴＥＣやＴＯＥＦＬ、英検に代表される二三の民間試験における成績を選考の指標として併用し認める方針が示されており、将来的には大学入試センターによって作成される共通テストすらも廃止し、英語科における生徒の技能の判断材料として民間試験資格のみを認定する見込みで施策が進められています。

しかし、多くの専門家にも指摘されているように、これら民間試験は、採点基準が不明瞭で統一されていない、全国の志望者が運営トラブルによる支障なく試験を受検できる制度設計がされていない、特定の企業に経済的インセンティブを与えるおそれがあるなど、公正性・公平性の観点において全国共通の大学入試に利用するには大きな問題を抱えており、それが是正される見通しも未《いま》だ示されていません。

こうした状況を問題視する京都工芸繊維大学の羽藤由美先生をはじめとする研究者の呼びかけによって、現在大学入学共通テストにおける英語民間試験の利用中止を求める国会請願署名活動が行われています。国会請願は、国民が国政に対する要望を直接国会に述べることのできる、憲法で保証された権利であり、未成年のわれわれ生徒でも請願することができます。

現高校二年生、あるいはそれ以下の学年の生徒諸君にとって自分たちの大学入試に直接関係してくる問題であるだけでなく、今回の入試制度改革は、決まってしまえば最低でも今後十数年、幾千万にものぼる数の中高生の未来に影響を与えるものです。今こそ当事者意識をもって、われわれ自身がこの制度改革について考え、声を上げてゆくべきであると私たちは考えます。

つきましては以下に上記の羽藤先生による署名活動の詳細を示しますので、賛同してくださる生徒は友人やご家族もお誘い合わせのうえご協力をお願いします。
締切：六月一六日（日）郵送必着

服部くんも、ツイッターで請願書について知りました。
服部　誰かしらのツイートを読んで、それで、こういうことやってるんだって。私も、請願書ちょっと印刷して、何人か大学の同級生に、ちょっと書いてよ、ってお願いもしたんですけれども。
鳥飼　で、その同級生の反応は？
服部　やってんな、みたいな感じで。
鳥飼　でも協力してくれた人もいたんですか？
服部　何人か、はい。署名いただいて。それを送ったんですけれど、やっぱりそうはいっても、あんまり効果はなかった。

国会請願書は短期間の署名活動にもかかわらず、衆参両院でそれぞれ八千筆以上の署名が集まりました。ただ与党議員の賛同が得られなかったことから、結局、六月二六日の国会会期終了とともに「審査未了」となって終わりました。

服部くんは署名を集めるだけでなく、集まった署名用紙を国会に提出する手伝いの募集に応えて国会まで出かけただけに、落胆は大きかったと思われます。

鳥飼　請願書は提出したものの、「審査未了」ということで、結局は棚上げでしたね。そういう結果を見てどう思いました？

服部　「無理がとおれば道理が引っ込む」という言葉がありますけど、まさにそういう世の中ですし、今。

受験生にとってはもちろん生活にかかわる、一番根幹のことですけれど、言ってみれば党の政治家にしてみれば、ワンオブゼムになっちゃうわけですよね。

辺野古反対運動とか、そういうのと一緒。そう言ったら辺野古反対運動やってる人があれだと思うんですけど、あんまり反対運動って私たちにとったら、そんなに身近な問題じゃないとよくわからないじゃないですか。与党の政治家とか、一般の人から見たら、大学入試改革とかそういうことなんだなっていうことを……。

たった一人の闘い

「国会請願書」提出が挫折に終わったことで、「無理がとおれば道理が引っ込む」と痛感した服部くんは、二〇一九年七月二一日投票参院選挙に向けての街頭演説の場に一人で出かけ「反対」の声を上げることを試みます。七月二〇日夜、安倍晋三《しんぞう》首相が締めくくりの演説を行った東京・秋葉原駅西口前です。

鳥飼　秋葉原での安倍首相の演説にも出かけていったのですよね？

服部　はい。問題が重大な割には、全然、問題自体の知名度は当時はなかったので。急に「身の丈発言」でわーっと広がったじゃないですか。それまでは全然、朝日新聞の一面に出たりもしたけど、そんなに政治の重要課題かっていうと、そうではなかったので。

　プラカードというか、印刷した紙を持って歩いてただけなんですけど。

鳥飼　それは自分で作ってってったわけ？　何て書いたんですか？　英語民間試験反対？

服部　反対、みたいなこと書いて、多分それだけだと思うんですけど。
鳥飼　でも、それを掲げただけで、何事も起こらず？
服部　はい。あの秋葉原の演説ってすごいんですよね。もう、安倍やめろっていう人と、安倍頑張れっていう人が、バチバチやるので。
　こんな大学生が一人で、どうでもいいようなことを掲げてやっていても、それは相手にされないというか。

　秋葉原では、安倍首相が演説に立つ選挙カーの周囲が鉄柵で囲まれ、ものものしい雰囲気の中、自民党の大きな幟《のぼり》が取り囲み、駅前で配られた日の丸の旗が目立ちます。

　各方向から撮影された動画をみると、後方では、「安倍、やめろ！」との声が終始続き、それぞれが自作らしいプラカードを掲げています。「増税反対」「カジノ反対」「北方領土を返せ」「国民をなめるな」「嘘《うそ》をつく安倍政権」「怒り」などの他に"Abe Out""No War"など英語も見えます。この群衆の中で「英語民間試験導入反対」は、目立たなかったでしょう。

　この二日前の七月一八日、札幌では、安倍首相が演説を始めた直後、男性が「帰れ、安倍辞めろ」と繰り返し、すぐ数人の警察官に取り囲まれ、体をつかまれ遠くへ移動させられました。道警は「他の聴衆とトラブルを起こす可能性があったため移動させた」と説明しました。

　ところが、街頭演説の警備態勢や方針についての内部文書を朝日新聞が情報公開請求したところ、七月二三日、選挙違反の取り締まりや警備の「諸対策」などについての文書八点三五枚が道警から開示されました。そこには、「警護に当たっては、警察の政治的中立性に疑念を抱かれることのないよう十分配意する」などが盛り込まれていたことが判明しました。[2]

　秋葉原では、多数の警官が動員されていたものの、警戒しているだけで、混乱はありませんでした。

　ところが、八月二四日埼玉県知事選応援演説を柴山《しばやま》文科大臣が行うことを知った服部くんが出かけた場で、事件が起きました。

警官に排除される

鳥飼　それからしばらくして、埼玉県知事選。埼玉県まで出かけたわけね？

服部　大宮まで一時間かけて。

鳥飼　出かけていって。で、そのときもやっぱりおんなじように、手作りのプラカードみたいなのを掲げて？

服部　はい。

鳥飼　民間試験中止みたいな。

服部　そのときはもう、柴山大臣にとにかく辞めてほしかったのもあったので。その直後に内閣改造ありましたけど、でもその二つですよね。

鳥飼　それからのことはいろいろ報道されていて。「柴山、やめろ」っていうのは叫んだんですね？

服部　はい。

鳥飼　で、それは大臣に聞こえたんですかね？

服部　聞こえないと思うんですけどね。

柴山文科大臣は、埼玉県知事選で青島健太候補の応援に駆けつけた際にヤジがあったと、二〇一九年八月二七日の記者会見で語りました。

「私が街宣車に上って演説を始めるや否や、多くの聴衆や街頭演説の準備をしていた方々がいた街宣車の後ろの部分から、『柴山辞めろ』『民間試験撤廃』と大声で怒鳴る声が響いてきた」[3]

柴山大臣はツイッターで、「街宣車の反対でしたので見えていませんでしたが、少なくともわめき散らす声は鮮明にその場にいた誰の耳にも届きました」と投稿しました。

それに対し、朝日新聞は服部くんを取材した記事を八月二七日付で報道しました。

抗議をした男子大学生は取材に「入試に向けた動きが本格化するなか、文科相に直接訴えたかった」「入試改革で混乱している受験生の代弁をしたのに、『わめき散らす声』と否定するのはおかしい」と語った。自身の経験から、特に英語の民間試験の活用に懸念を覚え、中止を求めて国会議員に署名を提出する活動に加わったものの、文科省が動かないため、柴山氏に直接訴えたかったという。[4]

さらに八月二七日の会見で柴山大臣は、「（演説会場で）大声を出すことは権利として保障されているとは言えないのではないか」と主張します。「表現の自由は最大限保障されなければいけないが、選挙活動の円滑、自由も非常に重要」としたうえで、「演説会に集まっておられた方々は候補者や応援弁士の発言をしっかりと聞きたいと思って来られているわけですから、大声を出したり、通りがかりでヤジを発するということはともかくですね、そういうことをするというのは、権利として保障されているとは言えないのではないか。（憲法）一三条見てください」との見解を示したのです。

「野次は選挙妨害か表現の自由か」という問題については、異なる解釈もあります。仲岡しゆん弁護士は、「政治に対する批評は表現の自由の中でも最も尊重されなければならない。公職選挙法二二五条第二号にある『演説妨害』は慎重に判断されるべき」だと語り、過去の判例から、次のように説明します。

「演説の遂行に支障を来《きた》さない程度の多少のヤジや質問は許される。演説が聞き取れないほど執拗《しつよう》で、演説が一時中止に追い込まれるようなものが演説妨害[5]」

西田亮介《りょうすけ》・東京工業大学准教授は、「選挙の自由妨害罪の取り締まりはかなり慎重に運用されている」とした上で、「埼玉は柴山大臣の国会議員としての選挙区で、警察も神経を尖《とが》らせていた部分はあると思うが、政治と警察が一体的に動くのは好ましくない。警察も逮捕ではなく排除をしているわけだが、まさに政権の意図を忖度《そんたく》しているようだ」と指摘しています。[6]

この事件について、服部くんは「怖かった」と何度も繰り返しました。

鳥飼　あんまり思い出したくないでしょうけれども。でも、やっぱり警官がわっと来たら怖いでしょう?

服部　もう、怖かったですよ、それは。とんでもない世の中になったなと。

どう見たって、そんなけんかが強そうなわけでもないのにですよ。SPがぼんぼんぼんと来て、取り囲んで、恫喝《どうかつ》するようなことをしたら、そんなの怖いに決まってるじゃないですか。

この排除事件と、その後の柴山文科大臣の主張に対し、早くも八月三〇日に緊急抗議が文部科学省前で行われました。
呼びかけたのは、市民有志でつくる「怒りの可視化」でした。集まった人たちは、「恫喝するな」「大学入試の改悪やめろ」と声を上げ、「現場で民主主義を教えている教員の努力が無駄になります」との抗議もありました。
憲法学専門の石川裕一郎・聖学院大学教授は、柴山氏が排除した理由に憲法一三条を持ち出したことについて、「よく分からないけれど、公共の福祉に反しない限り、といいたいのかもしれない。しかし、よく誤解されるけれど、これは表現の自由を制限するものではない。特に少数派にとって表現の自由は大事なので、私たちは、おかしいことに対して声をあげていきましょう」と説きました。[7]
話を少し戻すと、服部くんの行動に対して、フリージャーナリストの安積《あづみ》明子氏が、「排除ではなく、街宣車に乗り込もうとした学生をSPが取り押さえ、近くのビルの入り口に連れて行くも、すぐに解放されて、学生はプラカードを掲げて示威活動。柴山大臣がいなくなると姿を消した」とツイート。これに対し服部くんが、「悪質なデマ」と反論すると、柴山大臣は安積氏のツイートを引用し、ここから一般人が加わり激しい論争になってしまいました。
鳥飼　街宣車に乗り込もうとしたから警官が止めた、というのは？
服部　そうじゃないです。
「街宣車に乗り込もうとした」ことは本人が否定しているだけでなく、排除されている様子を動画で見れば「街宣車に乗り込もうとしていない」のは、明らかです。
鳥飼　で、ベルト引きちぎられて、引っ張ってかれたわけ？
服部　はい。
鳥飼　だけど、その状況をみんなに説明するきっかけを作ってくれたのは、その場に誰か取材記者が？
服部　その場はもう、メディアいなかったですね。
鳥飼　じゃあ、あれはたまたま誰かが撮ってたわけ？　あの動画は。
服部　蹴り込まれてる動画は私が撮ってました。何か証拠になると思ったので、私が撮りながら。スマホの外側に付いているカメラで、ちゃんと記録残しておいて、あとでYouTubeにでも上げようと思ったんですけど。ある種の歴史的な資料になりましたよね、あれは。

鳥飼　でも、ツイートでは、こんなことをされた、こんなことがあった、っていうことは投稿していたにしても、やっぱりショックだし、悶々《もんもん》としてたんじゃないですか？悔しいとか。

服部　悔しいというか怖かったし、親に申し訳なかったですよね。こういう世の中なんで、やっぱりこういう目立つことしたら家族にも迷惑かかるんじゃないかとか思ったので。

ファックス作戦

それでも服部くんは、闘いをやめませんでした。ＳＮＳを通して著名な言論人の理解を得ようとしたり、知り合いのつてをたどって政治家に働きかけたり、自分なりの努力を続けました。当事者の声を集めた資料（Ａ４版一六枚）を分割して五パターンの資料を作り、野党だけでなく与党の議員にもファックスを送りました。

鳥飼　野党だけでなくて与党の議員にもファックスを送った？

服部　私、全部送ったんですよ、自民党の議員。全部っていうか、私が聞いたことあるような自民党議員は全部送ったんですよ。あと公明党の議員には全員送りました。三〇人くらい。

鳥飼　その人たちからは、何か応答ありました？

服部　応答はなかったですね。全部送って、送った直後に電話をしたんですね。「届きましたか？」って。それで、「（議員に）読ませてくださいね」って。多分読んでくださったと思うんですけれど。特に返信はなかったです。

返事はなかったものの、とにかく「できることは何でも」やるべきだと考えて石破茂・元自民党幹事長にファックスを送った成果はありました。

服部　ファックスを送ったんですね。そしたらその日の夜に、石破、岸田だっけ、会食があって、その話題に英語民間試験が上ったって記事が出てました。

石破氏は確かに、岸田文夫・自民党政調会長と会食した際、「英語民間試験延期に言及」したことが、一〇月三一日付の産経新聞に記事となって出ています。ファックス作戦が功を奏したのです。

野党では、国民民主党の玉木雄一郎代表が地元の愛知で演説すると聞き、問題点をまとめた資料をお母さんに託して渡してもらいました。

鳥飼　で、玉木さんからは、読んだとか何かないんですか？

服部　は、ありました。あの人、YouTubeやってるんですけど、一回、城井崇《きいたかし》さん（国民民主党・衆議院議員）と対談の動画上げてらっしゃって、そのときに私の名前、出てる。

その動画は、玉木衆議院議員の「たまきチャンネル」緊急企画「英語民間試験大混乱を招く」として中継された、城井崇・衆議院議員との対談です。

冒頭でまず玉木代表が「七月に柴山文科大臣の選挙応援演説の場で、民間試験導入反対の声を上げた大学生が強制排除された事件」を紹介。その大学生が問題点を指摘した文書を、彼のお母さんからもらった、とプリントを見せます。続けて「このひっきたいさんは後輩がこんな理不尽な状況にさらされることを避けたいと反対の声を上げたのに、排除という、とんでもないことが起こりました」と説明します。その様子から、「ひっきたいさん」の事件を知り、渡された文書を読んで、この対談を企画したことがうかがわれます。

対談は、白板に書いてある「英語民間試験導入の狙い、目的」「経済的不公平、地理的不公平、運営上の不公正などの問題」に沿って玉木代表が質問し城井議員が答え、重要な用語を玉木代表が書き込みながら話し合う形で進みました。対談の最後には、就任早々の萩生田《はぎうだ》文科大臣による「初年度は精度向上期間」との発言を、「受験生は実験台じゃない」と批判。延期しか解決策がないことを二人で確認しました。

説明役の城井議員は、早くからこの問題に関心を持ち、二〇一八年三月三〇日には共通テストについて国会で質問しています。羽藤由美氏は、城井議員に初めて連絡した日のことをこう振り返ります。

二〇一八年六月六日の衆議院文部科学委員会で城井議員が「共通テストにおける英語

民間試験利用について」質問すると知って、五日夕方、議員会館の事務所に電話しました。

この日はたまたま『検証 迷走する英語入試』(岩波書店)の発行日で、それを城井議員の秘書に話したところ，その足で本を買いに行き，城井議員がその夜のうちに読んで、翌日の質問に立ったとのことです。

それ以来，城井議員の紹介で野党の勉強会などが開かれるようになり、羽藤氏と南風原氏は専門家として説明する場を得ることになります。

城井議員は玉木議員との対談でも、「教育を変えるために入試を変えることへの疑問」「CEFR対照表の科学的根拠の欠如」「文科省の検討会議で委員の三分の二を利害関係者が占めて英語民間試験が進められたこと」「採点の質の不透明性」「試験を作成する民間試験団体が対策問題集を販売する利益相反」など、問題点を的確に説明していました。

二〇一九年夏に説明資料を玉木代表に渡した服部くんは、「とにかく、どうやったら効率的に止められるかなっていうことを考えていて、手段はもう選ばないっていうことを、もうこうなった以上は、できること何でもやろうと思っていた」と語りました。

その思いが実ったのは、二〇一八年から専門家二人と情報を共有してきた城井議員の存在に負うところもあり、異なる時期に別々の政治家に働きかけた専門家と若者の努力の賜物と言えそうです。

そのように「できることは何でもやろう」と思っていた服部くんが、「一つの手段」として挙げたのが、「今の自民党の支持基盤として、若い世代」でした。なぜ若い世代が、自民党という保守政党の支持基盤になるのかを尋ねてみました。

鳥飼　なぜなの？
服部　私が中学に入ってから高校卒業するまで、総理大臣、ずっと安倍さんなんですよ。
鳥飼　そうか！　身近な存在？
服部　はい。
鳥飼　そういう世代ね。

服部　そういう世代です。で、もう政治ってのはむちゃくちゃなもんだって思わされてる世代なんですよ。

安倍政権のもとで育ってきた世代が、今度の問題をどう受け止めたかの背景を、服部くんはこう分析します。

服部　でもその直前に民主党があったので、私はその民主党政権六〇点くらいだと思うんですけど、一〇〇点満点で。よくはないけど悪くはなかった。
　でもそれと同時に、インターネットが広がったときと民主党バッシングがあったとき、かぶってるんですよね。だから民主党っていうのはたたかれるものだっていう、もう決まっちゃってるんですよね、相場が。
　で、そこにきて、若い世代がどんぴしゃで直撃する政策がきたので、ちょっと圧力をかけたというか。

服部くんは、もし抗議活動をやらず、英語民間試験が導入されていたら、大変なことになっていた、と総括します。

服部　安倍政権打倒が目的だったら、あんなことしないほうがよかったんですよ。ほっとけばよかった。ただ、そうもいかないので。

もし本当にあれをやってたら、今頃、大変なことになってるじゃないですか。で、もう一年間混乱しっぱなしで。今頃、大変でしたよね。

国立大学の合格発表が終わって、じゃあ浪人するかってなったときに、英検の申し込みしてなかった、みたいな。何じゃそりゃ、って話ですよ。むっちゃくちゃですよ、本当に。

それがもうわかってたので。もう本当に僕なんか、どんだけ感謝されなきゃいけないと思ってるんですか、ってね。

サイレントではないと見せる

文科省前の抗議活動へ

柴山昌彦・文科大臣の「サイレントマジョリティ」発言や、文科大臣に抗議した服部くんが力づくで排除された事件をきっかけに、九月六日から毎週金曜日夕方の文科省前での抗議活動が始まりました。音晴くんは毎回の参加でした。

鳥飼　結局、何回参加しました？　金曜日の夕方のには。

音晴　多分、皆勤なんじゃないかと思うんですけど。五、六回あったうちの、ほとんど行っていて。

音晴くんは、抗議活動に毎回参加した目的を、こう説明しました。

音晴　いや、サイレントマジョリティなんて、この立場にある人が無神経に言っちゃうこと自体が問題なんですけど。でも、ある意味、その指摘って多分、正しくって。きっと多分、このままだとサイレントでしか見えないんだろうなっていう。結局、そういうふうに、多分、この人にはあるいは見えてるか、あるいはこの人は見えているけど、みんながサイレントに見えてるから、だましきれると思ってそういうこと言ってんだろうなと思って。

だったら、サイレントじゃないように、どうにか見せる方法はないだろうかって。いくらでも、もう既に声はあるので、それをどうにかして収斂《しゅうれん》できないかっていう。一つに集めて見えるようにできないかっていうのが、本当に、それだけが僕の一つの目的で。

議論として僕の意見が有効かどうかは、正直、わからないし、全然、いろんな人の焼き増しの意見だと思うんですけど。

文科省前での抗議活動の動画を見ると、いろいろな人たちがマイクを握って話している時、斜め後ろあたりに音晴くんが映っています。自分が話す番でない時もずっと立っていて、黙って話を聞いていたり、時折、タブレットを見たり、隣にいるクリスくんと言葉を交わしたりしています。そんな高校生の姿が映っていたのは、どうやら意識的にやっていたようです。

音晴　とにかく、一つ加わることで、一つの収斂した場に怒りが、場に立って、一つ頭数になるっていうことで、どうにかしてムーブメントとして注目されるっていうふうなかたちでもいいし。とにかく、それが見えるようにならないかなと思って。

それで毎回参加したり、（動画の）配信のときとかにも、なるべく映る位置にいて、なるべく絵に加わるようにしたりとかして、っていうふうに意識はしました。

参加してみた抗議活動は、ツイッターでの抗議と比べてどうだったのでしょうか。

鳥飼　やっぱり、ツイッターとまた違った手ごたえは感じたんですか？

音晴　そうですね。もちろん、ツイッター上で議論してるのと同じようなメンツの人たちが集まってるんですけど、実際に場に集まってたって。

でも、二時間だか三時間立ち続けて、いろんな人たちの話を、自分でスワイプしたりっていうふうにやって選ぶ情報とは違って、ちゃんといろんな人たちがいろんな立場で、いろんな視点を話すのを、二時間ちゃんと聞くっていうのだと、やっぱり受け取る情報ってのも、やっぱ違ったり。

ふだんツイッターとかだと見てなかったような人の主張が、すごい的を射たような感じで聞こえてきたりとか。ツイッター上の議論と同じようなことが起きてるんだけど、でもそれを全体像として自分の目で見られるっていうのが、一つ大きかったですし。
あと、ああいうふうに集会として集まると、やっぱりサイレントじゃなくって。

そして、集会の意義について、こう補足しました。

音晴　よくあの集会のツイートとかを見てると、「いや、身の丈どうこうって言ったのに怒ってるだけで何か変わるんですか」って、「揚げ足取ってるみたいだけど」みたいなことを言うツイートとかも、よくきてたんですよ。でも、それ自体が短期的に一つ何かつながるのかっていう話じゃなくって。ある意味、これがなかったら興味持ってなかっただろうような人たちにも、そういうふうな揚げ足取りみたいな指摘っていうかたちであれ、議題として届いたっていう意味で、それはすごいやっぱり意味があったと思うんですよね。

服部くんや音晴くんと違い、クリスくんは、国会請願について知らなかったので、参加していませんでした。

クリス　そのとき全然知らなかったんですよ。まだ全然知らなくて。そのあとに、七月あたりの夏休みの前の進路説明会みたいので入試の形態を大体知って、まだ未定のことあるから調べてね、って言われて調べたら柴山さんまでたどり着いたみたいな感じなんですよ。だからちょっとワンテンポ遅れて参戦してきたみたいな感じで。

「遅れて参戦した」クリスくんですが、文科省前の抗議活動には参加しました。服部くんは、排除事件があったことで目立たないように参加していたようですが、動画を見ると、音晴くんとクリスくんは必ずカメラに映っていた印象があります。自分のスピーチをする時に前へ出るだけでなく、他の人たちの話を、後ろに立ってずっと聞いている姿があります。

服部くんは大学生なので招かれませんでしたが、高校生の音晴くんとクリスくんは当事者ということで、野党の合同ヒアリングを傍聴したり、議員たちから話を聞かれたりで、頻繁に国会へ通うようになります。

「身の丈」発言

やがて二〇一九年一〇月二四日になると、野党は合同で「英語民間試験導入延期法案」[8]を衆議院に提出しました。

奇しくもその日、BSフジ報道番組「プライムニュース」の「萩生田文科相に問う：大学入試改革の狙いは」に出演した萩生田文科大臣が、「身の丈に合わせて」という発言をします。

キャスターの反町《そりまち》理《おさむ》さんが、民間試験を使うことで費用がかかる懸念について、「お金や場所、地理的な条件などで恵まれている人が受ける回数が増えるのか、それによる不公平、公平性ってどうなんだ」との声があると質問すると、「そういう議論もね、正直あります」と答えた後、こう続けたのです。

「それ言ったら『あいつ予備校通っていてズルいよな』と言うのと同じだと思うんですよね。だから、裕福な家庭の子が回数受けて、ウォーミングアップができるみたいなことは、もしかしたらあるかもしれないけれど、そこは、自分の身の丈に合わせて、二回をきちんと選んで勝負して頑張ってもらえば」

クリスくんは、番組を見てすぐ、この発言部分に触れたツイートで、こう怒りを投稿しています。

本当に腹が立ちました。経済状況による教育格差を助長することになってるのはわかって言ってるんだよね？　他の発言などにもツッコミ入れたい部分が山ほどあります。最高に気分が悪い。

服部くんも、「萩生田文科相、重大な発言しています」と、この発言の要約を紹介し、さらに、次のツイートを投稿しています。

予備校っていうのは、言ってみれば業者が勝手にやってることで、『○○予備校の△△講座を受けたら××大学で加点される』みたいな仕組みはない。でも新制度では、経済的余裕のある人（複数回受験できる人）は合否判定において有利になる。ワイロを渡せば受かりやすくなるようなものだ。

番組に出演した萩生田文科大臣は、「身の丈」発言に続けて、地方の受験生については、次のように述べました。

人生のうち、自分の志で一回や二回は、故郷から出てね、試験を受ける、そういう緊張感も大事かなと思う。

これも多くの人たちを憤慨させました。

クリス「身の丈」は結構、象徴的なフレーズだったんですけど、僕、その前に、「あいつ塾に通っててずるいじゃねえかと同じじゃねえか」と。あれでもぶちキレて。違うだろうって。

他県まで行かなきゃいけないとかっていうことに関しても、「いや、人生に一度くらい緊張感持って」的なことを。

地域格差的なところと経済格差的なところに対して、こいつ何もわかってねえじゃないか、ってところをまんま出してきた。本音、出した。

萩生田文科大臣は、「できるだけ近くに会場を作れるように今、業者や団体の皆さんにはお願いしています」「できるだけ負担がないように、色々知恵出していきたい」とも述べたのですが、放送直後に疑問や批判を書き込んだいくつかのツイートには「いいね」が五〇〇〇件以上も付きました。その後もツイッターでは「予備校と民間試験が一緒にされてんのは違う」「地方民は受験する身の丈もないということですか」「飛行機代とホテル代でいくらかかると」「経済状況による教育格差を助長する」といった意見が相次いで寄せられました。[9]

クリスくんのテレビはアンテナがついていないのでＢＳテレビを見ることはできません。どうやって文部科学大臣の番組出演を知り、どう録画したのでしょう。その日のことを、クリスくんはこう振り返ります。

クリス　僕、テレビで見たわけじゃないんですよ。実はＳＮＳでたまたまＢＳフジの公式のツイートが流れてきて。

その夜の八時くらいに、今日の二三時放送のBSフジで萩生田文部科学大臣が出演されますみたいな。で、BSフジってコメントを送れる、公式サイトから。コメント送って、萩生田大臣に聞きたいことみたいの募集しますっていうのをツイートで見て、やっぱり文科省のトップや政治家に伝わってないからこんなことになってるんだってのは本当にずっと一貫した意識があったので、これは本当にどうせ拾ってもらえないだろうけど、書いて、届けようって書いたんですよ。

書いて出して、「皆さん、萩生田さんが出るらしいので皆さん質問してください」みたいなことも（ツイッターで）共有して、「ちょっと注目ですね」みたいな話になってたんですよ。

最近のテレビ局は、ツイッターの公式アカウントで番組予告をしますし、公式サイトから番組や出演者に質問を送ることができるようになっていて、それを番組内で取り上げるなど、視聴者との双方向性を重視しています。それをクリスくんは活用したわけです。

しかも放送後にすぐ視聴できるサービスもあるので、クリスくんは放送後に番組を見ています。

クリス　公式サイトで放送後に期間限定で見れるんですよ。それで見たら、深夜のもう二四時くらいだったんですけど、見たら、あれ？　これはひどいぞってなって。その場で録画して、それを何か僕、物まねできるようになっちゃったくらい見ちゃって。あれは本当に象徴的でしたね。

この「身の丈」発言はたちまち大きな波紋となり広がります。萩生田文科大臣は番組放送の四日後、一〇月二八日に謝罪、二九日には発言を撤回しますが、騒ぎは収まりません。西日本新聞は一〇月三〇日付けの記事で、騒動になった理由をこう報じています。

経済的に余裕がない家庭の子どもや、離島や山間部の受験生が不利になることを容認したとも受け取れるためだ。親の所得や育った環境で受験の公平性がゆがめられていいのか。新制度の旗振り役を担う閣僚の不用意な発言に、九州でも高校生や親から怒りと不安の声が相次ぐ。

「都会の子と同じスタートラインに立てないのを大臣が認めるのだとしたら納得がいか

ない」。鹿児島県の離島に住む県立高一年男子（一六）は憤った。[10]

当時は試験会場が未だ確保できないでいた上、国務大臣が次々に問題を起こして辞任するという状況もあり、最終的に文科大臣は「英語民間試験導入の延期」を発表しました。二〇一九年一一月一日のことでした。この日は、英語民間試験の結果を成績提供システムに反映するために全受験生が取得しなければならないＩＤ申請の開始初日でした。

生徒たちのＩＤ申請を一括して行うため、高校では教員が徹夜で作業し、なんとか終えた朝に「延期」というニュースが飛び込み、それまでも振り回され続けてきた現場は唖然《あぜん》としました。

クリスくんは、しかし、延期になるらしいという話を国会で聞いていました。

クリス　国会にまた行く機会があって、そのときに議員さんと「首相動向」を見てたら官邸のところに文科省の職員が三人くらい行ってたらしいから、多分延期されるんじゃない？　みたいなことも、実は前日に聞いてて。で、延期の日の朝、記者さんに電話で起こされて、何か延期されたらしいっすよみたいな。それで、え？

みたいな。僕、その朝は正直もう寝ぼけてて、「夢じゃねえかな」とか思ってたんですけど、まさかそんなかたちでなるとは。

あれは結局、政局的に見ると、民間試験延期は尻尾切りって見られがちではあるんですけど、あれがなかったら本当に延期されてなかったと思うし。

二〇一三年に英語民間試験の活用が提案されて以来、何人もの専門家が懸念を表明してきましたが（筆者もその一人）、世論は動きませんでした。

二〇一九年に入って反対運動が活発になってからも、大学受験に関係がある層以外は複雑でややこしい問題だという程度の認識が大半でした。ところが、制度設計の致命的欠陥が、「身の丈」という分かりやすい一言で見事に表現され、経済格差・地域格差についての理解が一挙に広がりました。

その渦中で活躍した服部くん、音晴くん、クリスくんは三者三様のやり方で貢献しましたが、共通していることがありました。何よりこの大学入試改革を止めなければいけないという強烈な目的意識。それでありながら、極めて冷静に客観的状況を分析して、戦略的に行動していたことです。

たとえば、何とかしなければと思いつめ選挙演説の場で訴えようとした服部くんは、公権力による強制排除を生まれて初めて経験し、その後もツイッター上でのデマ拡散に傷つきましたが、目的遂行は断念しませんでした。その代り、慎重な方策に軌道修正します。文科省前での抗議活動には参加しましたが、目立つことを避け、問題点と現場の声を自分でまとめた資料を与野党の政治家一人一人に届けました。

音晴くんとクリスくんは、自分たちが高校二年生であり大学入試改革の影響に直撃される存在である重みを強く意識し、むしろその当事者性を存分に活用します。集会でもあえてカメラに映る位置に立ったのは、そのためでした。大人たちが大半である中、数少ない高校生が目立つであろうことを計算に入れていたようで、マスコミの取材も積極的に受け、英語民間試験導入中止の目的を果たそうと邁進《まいしん》します。

ところが、そのような二人は、自分たちがまだ高校生であり政策決定の力もなければ、専門知識があるわけでもないこともしっかり自覚しています。自分たちができること、できないことを認識し、弱い部分の補強に努めます。

音晴くんが自分の主張について、「いろんなひとの焼き増しの意見」と表現したのは、さまざまな専門家の話を聞いて参考にしたことを指していると思われます。
たとえば、雑誌『世界』[11]の座談会では、NHK「視点・論点」[12]の「大学入学共通テスト　英語民間試験導入を考える」に二人とも言及しています。この番組は特定のテーマについて専門家が一〇分ほど一人でカメラに向かって話すのですが、その全文が公式ホームページで公開されます。
その書き起こしを読んだ音晴くんは「表現は平易だし、論点が箇条書きにしてあって、明快でとても読みやすい」と評し、クリスくんは「すごく助かりました」「今まで言われていたことが全部ぎゅっと詰まっていて、すごく便利だった」と、自身のツイートでリンクを貼り付けたと明かした後に、こう語っています。

しかも英語教育にめっちゃ詳しい専門の教授がそれを言っているという属性があって、信頼感もある記事だったんですよね。専門的なことは僕らが言っても信頼されないですから。

それを音晴くんは、こう受けます。

高校生だからって注目されるのは有難いことですが、高校生が言っているからって中身も全部受け入れられるのは、それはそれで何か違うじゃないですか。だから、専門家の文章や発言と組み合わせないといけないいんですよ。

驚嘆するほど冷静な分析と戦略です。

二〇二〇年施行の新学習指導要領では、教科横断的に「学力の三要素」を育むことが指導と評価の基盤となっています。「三要素」とは、(一)「知識・技能の確実な習得」、(二)「思考力、判断力、表現力」、(三)「主体性を持って多様な人々と協働して学ぶ態度」です。特に、「思考力、判断力、表現力」と「主体性」が重視されています。そのいずれをとっても、この三人はすでに十分に備えていると言わざるをえません。

このような資質がすでにあったので闘えたのかもしれませんが、闘いながら培ったということはあるのでしょうか。

第三章では、抗議活動に参加した三人が、その体験を振り返り、何を学び、何を考えたかを探ってみます。

1 https://nominkaninkyotsu.com　国会請願書、新制度の問題点は、「巻末資料」を参照

2 朝日新聞デジタル、伊沢健司、二〇一九年八月二四日一〇時八分
https://www.asahi.com/articles/ASM8R5JD8M8RIIPE011.html（2020.5.6検索）

3 ABEMA TIMES, 2019.08.30 09:00　https://times.abema.tv/posts/7017170（2020.5.6　検索）

4 朝日新聞デジタル、矢島大輔、二〇一九年八月二七日一八時四五分
https://www.asahi.com/articles/ASM8W4RLFM8WUTIL01L.html?iref=pc_extlin（2020. 5. 6検索）

5 AbemaTV『けやきヒルズ』

6 AbemaTV『けやきヒルズ』

7 IWJ（Independent Web Journal）
https://iwj.co.jp/wj/open/archives/456097（2020.5.6 検索）、しんぶん赤旗二〇一九年八月三一日、毎日新聞二〇一九年九月六日

8 正式名称は「独立行政法人大学入試センター法の一部を改正する法律案」。立憲民主党、国民民主党を含む共同会派及び日本共産党と共同で衆院に提出。同法案は、受験生をはじめ教育現場で不安が広がっている英語民間試験の大学入学共通テストへの導入について、「経済的な状況又は居住する地域にかかわらず等しく民間試験等を受けられるようにするための環境の整備、民間試験等の公正かつ確実な実施の確保等の観点から、必要な調査及び検討」を行い、課題が解決されるまで導入を一旦見合わせるというもの。

9 J-CAST ニュース、二〇一九年一〇月二五日一九時三八分
https://www.j-cast.com/2019/10/25371052.html?p=all（2020.5.5検索）

10 西日本新聞二〇一九年一〇月三〇日六時（2019/11/2 16:42 更新）社会面 金沢皓介、湯之前八州、河合仁志
https://www.nishinippon.co.jp/item/n/555159/（2020.5.5検索）

11 岩波書店、NO. 928、二〇二〇年一月号（二〇七―二一六頁）

12 二〇一九年一〇月一六日放送、ＮＨＫ解説委員室「視点・論点」、鳥飼玖美子「大学入学共通テスト　英語民間試験導入を考える」
https://www.nhk.or.jp/kaisetsu-blog/400/414086.html

第三章　声を上げて見えたもの、学んだこと

政策に反対するという体験

音晴くん、クリスくん、服部くんの三人は、国が決めた政策に反対するという非日常的な体験をしたことになりますが、そこから何か得たものはあったのでしょうか。これまで見えなかったのに見えてきたことはあるのでしょうか。あるいは、この体験から学んだことはあるのでしょうか。

それぞれの語りを紹介してみます。

［音晴くんの場合］

鳥飼　ツイッターでは知らなかったような、いろいな人の生の話も聞くことができたとおっしゃっていたけれども、例えばどんな人の話が心に残ってます？

音晴　確か多分、第一回で、ＫＥＫの、物理学の黒川眞一《しんいち》教授っていう先生が、ハーバー

ト・ノーマンとか鶴見俊輔《しゅんすけ》とかいろんな人の著書とかを引用して、こういうふうに声を上げることがいかに大事かとか、そういうふうなことをいろいろ話してくださったんですけど。そのお話は、すごい今でも心に残ってますね。

黒川眞一・高エネルギー加速器研究機構（KEK）名誉教授は、東京大学大学院で物理学を専攻した理学博士。専門は加速器物理学。KEK在任中に、米・欧・アジアの三地域で独立して開催されていた会議をひとつの国際会議としてまとめ、初の合同会議を二〇一〇年に京都で開催しました。

ハーバート・ノーマン[1]は、カナダの外交官で歴史学者。メソジスト教会宣教師の次男として長野県軽井沢で生まれ、東京のカナダ公使館で日本語担当官。戦後は、カナダ政府の首席代表として着任。博士論文は『日本における近代国家の成立』（岩波現代叢書、一九五三）として出版されています。[2]

鳥飼　その黒川先生が、鶴見俊輔の話を？

音晴　そうなんですよ。僕が鶴見俊輔とか、お守り言葉とか、言葉のお守り的使用法っていう話とかを知ったのも、実は本当に黒川先生とあの晩、一言お話しさせていただいたのがきっかけで。やっぱ、あれがなかったら、いろいろ見えてる世界が多分、今頃、違っただろうなっていう感じはして。

鶴見俊輔《しゅんすけ》(一九二二〜二〇一五)は、戦後日本を代表する哲学者であり思想家。明治の政治家・後藤新平の孫として生まれ、小学校の頃からどうしようもない子だったようですが、やがてハーバード大学に留学して哲学を学びます。

太平洋戦争後は、都留《つる》重人《しげと》・丸山眞男《まさお》・武谷三男《たけたにみつお》らと雑誌『思想の科学』を創刊。一九六五年には小田実《まこと》などと「ベ平連(ベトナムに平和を!市民連合)」を結成し、街頭デモ・反戦広告・支援カンパなど多様な反戦運動を展開しました。学術書以外にも、社会問題から芸術、小説など幅広い分野にわたる評論を残しています。[3]

「言葉のお守り的使用法について」は、二三歳での論壇デビュー作で『思想の科学』創刊号(一九四六年五月)掲載です。国家という圧倒的権力により国民が戦場に送られて殺し殺されることへの憤りと、それに対し何もできないことへの情けなさを伏線に、過ちを繰り返さないために、生活語としての「慣用語」を嚙《か》み砕き、意味を明瞭にする努力を重ねる必要性を論じています。[4]

「言葉のお守り的使用法」という表現は、なぜ音晴くんの心に響いたのでしょうか。聞いてみると、大学入試改革の理由として挙げられた、「英語四技能」や「一点刻み」という用語への違和感があったようです。

音晴　これ、呪文みたいだよなっていうふうな。そういう感覚が、黒川先生にその言葉を教わる前にもあって。その前から結構。

鳥飼　前からあったの？

音晴　前から。「また四技能って言ってるよ」みたいな。「また一点刻みのどうこうって言ってるけど」っていうふうに。

みんながその言葉の意味はちゃんとわかって使ってるみたいに言ってるけど、それ、そんなふうに連呼して大丈夫なの？　みたいな。何かそういう感覚があって。その言葉を使うこと自体に意味があるみたいな言葉があるなっていうふうに思ってて。

そこに違和感を感じたってところに、「お守り的使用法」っていう、実際に提唱されてる概念として、そういうふうにまとめられてるっていうのを聞いたときに、自分の中でもわっとしたところが言語化されたような気はしたと思いますけど。

鳥飼　かちっときたわけね。

音晴　そうですね。

鳥飼　下地があったからね、多分ね。

音晴　だからやっぱりそこの下地の部分がないと、はまるものもはまらないような気は。僕自身はそうだったから。全然興味が。

だから本当に政治とかにも全然興味がなかったけど、もやもやしてたものがあって。でも、それがかちっとはまる概念とか、いろんなものを教わってきたっていうものがあったので。

だからやっぱり、分野に限らず、多分、みんな若い人は若い人で趣味だったり、まあ、趣味の範囲内でもそうですし。何か多分、自分に、譲れない要素みたいなものがあると思うんですよ。

音晴くんは、インタビューの中で何度となく「譲れない部分」や「もやもや」という表現を使いました。自分にとって譲れないけれど、うまく説明できず、もやもやしていることを言語化できる手がかりとなる概念と出会うことの大切さ、そしてその「もやもや」を明瞭な形で言語として表現できないと内在化できない、そうなるとどうなるかを機械になぞらえました。

音晴　しかもそれで多分、一定以上、興味を持って調べたりとか極めようとすると、どこかでやっぱりそういうもやもやだったり、欺瞞《ぎまん》みたいなものだったりを感じ取ったり。そのもやもやっていうのって、多分、特に若い時期とかだと、いくらでもあると思うんですよね。ただ、多分、それをうまく言語化するとかして、自分の中でかっちりはまるようにできないと、ある意味、そのもやもやが自然にそういうものとして染みついちゃうみたいな、何かそんな。

機械とか使ってても、変な癖がついてるのを、もう、そういうもんだと思って、受け入れちゃうみたいに。たたけば直るみたいな。

きちんと作動しない機械でも、しようがないと諦めて使っているうちに受け入れてしまうように、もやもやしたものを明瞭にしないでいると、「あきらめてうまくつき合う」ようになり、やがて「疑いを持たなくなっちゃう」という指摘です。

音晴　そういう感じで受け入れちゃうっていうのが。それである程度。特にそれと、あきらめてうまくつき合うっていうことを選んでしばらくしちゃうと、多分、それに疑いを持たなくなっちゃうんだろうなと思うので。

何か変なんだけど、とりあえずどうにかつき合えてるからいいやみたいな感じで、自分の中で。ある意味、自分の一部になっちゃうというか。っていうのが多分、あると思う。

もやもやが芽生えてるくらいの段階で、やっぱりそこでぴたっとはまるものが見つかると、ある意味、一つ、懐疑的な見方というのかっていうのが一つ。何かを見たときに、それを受け入れる前段階として、自然になるんじゃないかなっていうのは思ってるんですけど。

何かについて、特に自分にとって大切なことについて、なんだか分からないけれど、もやもやした懐疑が芽生えてきた際に、それを受け入れてしまわず、その「もやもや感」を解明してくれるような概念を見つけると、そこから新たな地平が見えてくる。これがまさしく批判的思考（critical thinking）であり、そのためにこそ学校でさまざまな先人の考えを学ぶことが重要になってくるわけです。

「四技能」という言葉は確かに多くの人たちが、特に深く考えないで使っています。大学入試改革に反対する人でさえ、たいていは「四技能は良いと思うんです」と枕詞を使い、「四技能って、いったい何？」と問う人は殆どいません。「四技能」は「錦の御旗」なので、大人たちは改めて意味や意義を考えてはいけないかのように恐れ入っている、そんな用語に、もやもやした違和感を覚えた高校生がいたのです。「呪文みたいだ」と感じていた音晴くんは、抗議活動で出会った物理学者から、鶴見俊輔の「言葉のお守り的使用法」という概念を教えられ、自分の中でもやもやしていた違和感を言語化することができました。

その体験は、実に大きな学びだったことになります。

［クリスくんの場合］

クリスくんは、「あれは激動の数カ月でした」と語ります。その結果として、英語民間試験導入が延期になったことに感謝しつつ、その中で大人たちが高校生の声に耳を傾けてくれた経験を振り返ります。

クリス　実りあるかたちになったのが本当にありがたいし、結局、一人のガキが言ってるだけのことを、あんなにすごいお膳立てしてくれた大人たちがいっぱいいてくださったので。

鳥飼　お膳立てっていうか、やっぱり高校生って、大人からみると、今の高校生は政治に無関心、あるいは政治的な話をするのはかっこ悪いっていうことで何かみんなおとなしい。

クリス　まあ言われがちですよね。実際そうですし。

鳥飼　で、それが、え？　発言したんだ！　っていう。

クリス　そういうことか。正直、何か言ったりすると、すごい盛り上げられるんですよ、大人たちから。すごい何か喜んじゃって。

鳥飼　でもやっぱり当事者が言うってことは強いのよ。

クリス　これは強いなって思って、本当にそれ。自分の「高校生」って記号がメディア的な観点からしてもわかりやすいし、センセーショナルだし、っていうことで。

鳥飼　よく客観的に見られるわね。何か冷静よね。

クリス　こんなこと言うのはあれなんすけど、割と打算的に動いたところもあって。それなりの手応えがあったので。

今までの『AERA』さんの、学術会議のシンポで高校生が伝えた、みたいなことを強調されてたし。そういうところを見ると、割と動かしやすい立場にはあるんだなっていうことと、それも併せて、ちゃんと伝えられる機会があったら言えば、ちゃんとことはちょっと動き始めるんだ、ってことはそこで学べたので。

なるほど。高校生が発言すると大人たちが喜ぶ姿に内心驚きながら、その理由は、高校生がこの問題の当事者であるからなのを、クリスくんは悟っています。メディアが自分の話したことを、「高校生の意見」として伝えてくれた「手応え」から、その立場を意識してメディアに対応したというのが、クリスくんの言う「打算的」という意味なのでしょう。それは、自分自身を相対化して客観的に見る力であり、それを自覚した上で行動する判断力だと言えます。

クリスくんが反対運動に関わる契機となったのは、国語教育について開催された二〇一九年の日本学術会議シンポジウムでした（第一章を参照）。それを思い出し、クリスくんは、ポツリと吐露しました。

クリス　あの八月一日に興味本位で行ってなかったら、文句たらたらSNSに愚痴をたらしてるだけでした。

八月一日に興味本位で参加したシンポジウムで、思わず自分の考えを発言したクリスくん。それから三カ月後の一一月一日に、英語民間試験導入の延期が発表されました。わずか三カ月。けれど、その短い間にクリスくんは、「伝えられる機会があったら発言してみる」ことで、自分にとって大切なことが「ちょっと動き始める」という、肝心なことを学びました。一人の声であっても、黙ってしまわないで、声を上げることの意義を体得した、貴重な学びとなりました。

［服部くんの場合］

大学一年生だった服部くんが、新たな教育政策に反対する運動に身を投じたことで得たものは何だったのか。これだけは譲らない、これだけは大事にして生きていこう、と考えるようになったことはあるのでしょうか。

服部　やっぱり何かしら、もちろん資本主義社会である以上は、格差っていうのは生じてしかるべきだと思うし、仕方ないと思うんですけれど、ただちょっと行き過ぎですよね。それは何とかしたいなと思います。そこがある意味、私の譲れないポイントになりましたね。

「経済格差」「地域格差」を鮮明にしたのが大学入試改革だったことで、「格差」という問題を見つめ直し、自分にとって譲れない事柄だと認識したのが、反対運動から得た学びでした。

さらに、大局的な視点から、服部くんは、二〇一九年の出来事をこう振り返ります。

服部　大学入試改革に反対するって、一つの大きな、ちょっと転換になり得る出来事かもしれないですよね。
　限界なんですよ、あらゆるところが。既存の社会のシステムではもう限界なので。

既存社会のシステムが限界であることは、二〇二〇年になって新型コロナ感染症が世界中を襲って明白になりましたが、大学入試改革が行き詰まった頃に、その兆候は現出していたわけです。それは政治家も認識しているはずだし、立場があるから言わないだけで、柴山昌《しばやままさ》彦《ひこ》・元文科大臣も分かっているだろう、と服部くんは考えています。

鳥飼　それを感じていないのは、やっぱりそのただ中にいる、権力を握ってる人たちですかね？

服部　わかってると思いますよ、彼らも、限界なんだって。
（柴山さんだって）絶対おかしいと思ってますよ、大学入試改革のことを。オフレコで話をしたら、例えば私にすごく謝りたいと思ってると思いますよ、絶対。

大学一年生で反対運動に関わった服部くんは、その体験をふまえ、将来の進路希望が変わったと言います。

鳥飼　将来の希望は変わった？

服部　全然変わりましたね。もう。

鳥飼　どういうふうに？

服部　高校のときは純粋に、英語勉強したいなと思って、深く考えずに、英語勉強できる大学にいければいいなと思ってたんですけれど。いろいろなことを聞くにつけ、こう言ったらちょっとあれですけど、あまりにもいろんなことの質が落ちてると思うんですよね。もう、ちょっとそれに危機感を私が抱くようになったので、これを何とかしたいというふうに私、今思ってますね。そのために何ができるかっていうのは、ちょっと今からいろいろ勉強していかなきゃいけないと思ってるんですけど。

大学入試改革は、英語民間試験導入が延期、国語と数学の記述式問題の導入が見送りになり、二〇二〇年になってから文科省は「大学入試のあり方を考える検討会議」を立ち上げました（審議内容については終章）。

鳥飼　「大学入試のあり方を考える検討会議」はどう見てます?
服部　もう、アリバイ作りですよね。
　だって、本気でやるつもりだったら、私、絶対呼ばれると思うんですけど。絶対呼ばなきゃいけないですよ、私のこと。
鳥飼　呼ばれてない。
服部　呼ばれてない。私、呼んでほしいですね、本当に。呼びたいと思ってる人いるでしょうね、文科省の中には。
　文科省どころか、例えば私が思ってたのは、野党合同で「入試改革を考える会」のいろんな先生を呼んで、対抗して何か作ればいいと思うんですよ。そういうこともしないんですね。

この強い発言に込められているのは、文科省はもっと根本的に大学入試改革を見直す作業に取り組むべきだという苛立《いらだ》ちと、一時は合同で大学入試改革の不備を批判した野党が何もしないでいることへの失望があるように思われます。ただ、思い直したように、服部くんは一言、釘《くぎ》をさしました。

服部　もう、一回これだけ大きなことになっちゃった以上、もう横暴なことはしないし、させないですけど。

学んだこと、得たものは三人ともに大きかったけれど、どうやら闘った若者には、疲れもあるようです。服部くんは、端的に「疲れちゃった」と口にしました。

服部　私も正直、疲れちゃったので、もうそろそろおとなしく、悠々自適な晴耕雨読とかいう暮らしをしたいと思ってますけど。

鳥飼　晴耕雨読っていうと、やっぱり本を読む?

服部　はい。

鳥飼　どんな本を読みたいって思ってらっしゃいます?

服部　小難しい哲学の本とかいうよりも、新書をいっぱい読みたいと思っていますね。いろんな現代の問題を取り扱っている新書を、いっぱい読みたいと思います。

クリスくんは「何も知らなかった頃に戻りたい」と述懐しました。それは闘いそのものに疲れたのではなく、ふつうの高校生でいたら知らないで済んだような世の中の醜い部分を知ってしまったことの哀《かな》しみとも受け取れます。

例えば、萩生田《はぎうだ》文科大臣の「身の丈発言」があった前の晩は、野党が「英語民間試験導入延期法案」を提出した時で、コメントが欲しいと頼まれて、クリスくんは国会に行っていました。

クリス　保護者とか僕みたいな高校生とか、あと予備校講師の先生方とか、いろいろ野党の議員さんにお声がけいただいて、実際、国会行ってコメント求められたりとか、いろいろ情報共有したりとか、お話ししてたんですよ。
　また、こういう言い方あれなんですけど、いつもと同じように、今日も議員さんにお会いして、よろしくお願いしますみたいな感じでいろいろ話して、じゃあもうこれ本当に国会で話してもらって、法的に拘束力をかけて、この問題止めようみたいな、結構あれがすごい転機になると思ってたんですけど。

そのように国会へ行く機会が多かったクリスくんは、英語民間試験導入延期への動きも事前に知っていたほどでした。

そして、短期間とはいえ、国会に足繁く通って政治家に接し、マスコミをはじめ各界の人々の話を聞いているうちに、政策の裏事情、利益相反の実態や、民間業者との癒着が政界どころか大学人にも及んでいた「闇」を知ってしまったようです。

クリス　何か本当にいろんな闇を知っちゃいました、この頃。あの頃に戻りたい。何も知らなかった頃に戻りたいです、本当に。

「純粋に英語を楽しく学びたかった」と複雑な表情を見せたクリスくんは、社会の現実を知り、メディアの裏側も「知っちゃいました」と語ります。

次章では、三人がどのようにメディアと関わり、ＳＮＳの功罪をどう考えているかを問うてみます。

1 Norman, Edgerton Herbert, 一九〇九―一九五七

2 日本カナダ学会公式ホームページでの三輪公忠氏による解説。http://jacs.jp/dictionary/dictionary-na/09/19/753/（2020.5.11検索）

3 黒川創（二〇一八）『鶴見俊輔伝』（新潮社）

鶴見俊輔、黒川創（編）（二〇一二）『思想をつむぐ人たち――鶴見俊輔コレクション①』（河出文庫）

4 鶴見俊輔、黒川創（編）（二〇一三）『ことばと創造――鶴見俊輔コレクション④』（河出文庫）、「言葉のお守り的使用法について」（一三一―一五七頁）

5 「四技能」については、『迷える英語好きたちへ』（仮題、集英社インターナショナル新書、二〇二〇年一〇月刊行予定）で、鳥飼玖美子と斎藤兆史がそれぞれ「四技能幻想」を論じています。

第四章　ＳＮＳ世代と既存メディア

ツイッターを駆使

大学入試改革に反対して行動した三人は、「新聞を読まない」「テレビを見ない」と大人たちを嘆かせている世代です。既存メディアに無関心で、スマートフォンで情報を得る「スマホ世代」であり、YouTubeを好み、ツイッターでの発信が当たり前のＳＮＳ世代です。

三人とも、ツイッターを駆使して情報を集め、英語民間試験導入の問題点を学び、文部科学大臣と議論し、やがて抗議活動に参加するようになります。その結果、三人とも、新聞・テレビ・雑誌など既存メディアの取材を受けるようになります。週刊誌『ＡＥＲＡ』から始まり、新聞やテレビの取材、一件落着してからは三人そろって岩波書店の月刊誌『世界』で座談会[1]に登場しました（第二章を参照）。

このような体験を経て、三人は既存メディアとＳＮＳについて、どう捉えるようになったのか、質問してみました。

まず音晴くんは、高校一年生からツイッターを始めています。

鳥飼　SNSはツイッターですか？　主に。

音晴　そうですね、ツイッターで。

鳥飼　いつ頃から始めたの？

音晴　本当に、これは昔から個人的に始めていて。高一の初めくらいには、もうやってたんですけど。

鳥飼　それはやっぱり、受験情報を集めとこう、くらいな感じ？

音晴　いや、それは全然関係なくって。むしろ、高校の友達とかで、学校でよく使ってる人が多いっていう話を聞いたので。それで、いい機会だし、始めてみるかと思って始めたので。だから本当に友達同士の。もちろん、いろんな人ともつながれたんですけど。きっかけは学校で。

教員志望のクリスくんは、情報収集が目的でツイッターを始めました。

クリス　ツイッター始めたのは、教員になるための情報収集とか、教員が今どうしてるんだろうって情報収集を始めて。そのときにいろんな英語の先生方、勉強会を自主的に開いて。すごいすよ、本当に。

服部《はっとり》くんは、受験勉強中の高校三年生の時から、ツイッターで情報を集めるようになりました。

服部　何となく、高三のとき、大学受験の勉強していて、大学の先生とか予備校の先生をフォローしてたんですよ、ツイッターで。

ツイッターをしているうちに、大学入試改革のことを知るようになったのは、三人に共通しています。つまり、大学入試改革反対の気運が高まったことにはツイッターが多大な影響を及ぼしたことが分かります。

では三人は、そのツイッターの功罪をどう見ているのでしょうか。クリスくんは、ツイッターがテレビより新聞よりはるかに早い速報性を指摘します。

クリス　ツイッターでトレンド見て[2]、不祥事とかを知って。あ、ようやく（新聞・テレビで）報道されたみたいな。速報レベルでようやく同等くらいですよね。

入試改革に関しても、（ツイッターで）いろいろ議論をされてたし、こういう問題あるって指摘されてきた。で、（既存）メディアがようやく追いついてくれたっていうのがありました。いっつもそうなんすよ。

ツイッターは短い文しか書けないので、考えて書くことができなくなる、とよく批判されますが、音晴くんは違う意見です。

音晴　僕、よくツイートとかで、一四〇字とかにまとめ、言葉にしながら、結構、考えを形成するみたいなことがよくあるんです。

ツイートであっても、書くことで考えが形になるというのは分かります。しかも字数制限がある中で、どう誤解されないよう意を尽くして表現するかは意外に難しく、筆者も考えながら書き、送信する前に読んで書き直したりします。
これについては、クリスくんも「難しいところがありますね」と触れていました。

クリス　ツイートボタンを押す前に、これ、ほかの人は？　僕の今までの経緯とかは自分でわかってるので、こういう文章が出てきた、こういう意見が出てきた、っての は自分で納得いくんですよ。だけどそれを知らない人がこの文章を、単体を見たら、どう思うんだろうとか。そういうところまで考えてツイートしないと変に取られちゃって。

さらにツイッターには、発信する人も返信する人も、誰もが「平等」だという特性があります。筆者がツイッターを始めたのは二〇一八年四月で、最初の一年は自分で発信せず、ひたすら読んでいるだけでしたが、もっとも強く感じたのが、ツイッターの「平等性」でした。
クリスくんは、それを「フラット」と形容しました。英語のflatは「平らな」という意味の形容詞で、使い方によっては「つまらない」「平板な」という意味になりますが、「組織などで階級をなるべく少なくした状態」を指す場合にも使われます。最近の日本では、「上下関係がない」という意味で「フラット」をよく使うようです。

音晴くんは、同じことを「並ぶ」と表現しました。高校生が文部科学大臣と同じ土俵で、上下関係なく平等に議論するというのは、これまでのメディアではなかったことでしょう。

鳥飼　私は、ツイッターは二年前くらいから始めて、去年は、ほとんど何も発信しないで読んでるだけだったんですけども、なかなか面白いメディアだなっていう感じはあったのね。つまり、こういう文科大臣と高校生が……。

音晴　並ぶっていう。

鳥飼　並んでやり合うことができるというね。これは一つ、面白いことよね。それと、例えば今回の問題でも、いろいろな立場の人がいろいろな意見を言ってるのを、高校生としてそれを全部読む。

やっぱりSNSっていうのは、力を持ってるなっていう感じですか？

音晴　そうですね。やっぱりこういう要人の方とかがツイッターで発信されるっていうのは、ある意味、あんまり公的な発信というよりも、割とポピュラリティっていうのも気にして参入するっていうのも、多分、役割として大きいと思うんですけど。

ただ、それはそれとして、実際、そういうメディアで発信したことが公的性を持って、それこそ本当に、このミュージシャンが、この政治家が、ツイッターでこんな発言をしているのがニュースになるくらいの時代にもなってるじゃないですか。

本当に気軽にボタン一つで、それこそ面倒な手続きも要らないで、こういう立場の人も高校生も気軽に発信できるメディアですけど。

だからこそ、一つ一つに同じ重み。それが軽いっていうことなのか重いっていうことになるのかわかりませんけど。どれも同じ重みで見えるっていうのが、やっぱり一つの……同じ重み、同じ手軽さで発信できるし、結局、読む側には同じ重みをつけて見られるっていうのが、やっぱりキーの部分ですよね。

本当にだから、こういう立場の方のツイートも、学校の友達とかからの本当にたわいもないツイートも、同じタイムライン[3]に並ぶっていう。


それでも、というか、だから、かもしれませんが、ツイッターならではの弱点はあります。

実名を出す人はいるものの、顔が見えず匿名も可能なので、感情をぶつけやすいし、攻撃もしやすい。一四〇字という字数制限があるので、短いツイートを誤解する人もいます。

クリス　で、変に取られても、ちゃんとそれについて考えてくれてる人には、こう思ってツイートしましたって、こういう経緯があって、こう思いました、いろんな意見を受けたいので本当にありがたいです、ありがとうございます、みたいなことをちゃんとやり取りできたりとかもするんですけど。

何かそれを取り違えて攻撃してくる人がいっぱい世の中にはいるし、それを生きがいとしてる人たちもいっぱいいるので、難しいところではあるんですけど、そこの本当に見分けは大事だな、ってのは、本当に思います。

意見の違いはあって当然だけれど、ただの攻撃や誹謗《ひぼう》中傷と、まっとうな批判を見分けることを、クリスくんは「メディア・リテラシー」に結びつけました。

クリス　実際、敵対する人というか、別に僕は本当に人としては否定しないんですけど。そういうちょっと理念とか思想が違うところで議論をバチバチし合ったり、あんまり建設的じゃないことはやりたくないんですけど。そういうことやったりしつつ、意見が同じような人でも、やっぱ考え方が細かいところで違ったりして、そこのとかを本当にお互いに……。

ツイッターでマウント取ろうとして攻撃してくる人と、「誹謗中傷と批判の違い」を見分けられるようになって、メディア・リテラシー的な、すごいいいところを学べたんですけど。

「誹謗中傷と、まっとうな批判」について、服部くんは、世代の問題として捉えています。

服部　今の私たちの世代の問題点は何かって、「批判と非難の区別」がついてないんですよ。だからまともに議論できないんですよ。相手にレッテル貼りをして、人格攻撃を始めちゃうんですね、すぐ。で、中学とか高校時代に議論っていうのをしたことがないので、分からないんですよ、議論の作法が。

「中学とか高校時代に議論っていうのをしたことがない」のは、これまでの日本人の多くに当てはまることでしょうから、必らずしも世代の問題ではないかもしれません。

ＳＮＳ上での誹謗中傷は深刻な問題として認識[4]されるようになりましたが、「誹謗中傷と批判の違い」「批判と非難の区別」が分からないと、「まともに議論できない」ことになります。これはメディア・リテラシーやネット・リテラシー、さらには教育のあり方そのものにかかわってきます。この点については後で服部くんとのやりとりでも出てきます。

否定的な面が目立つＳＮＳですが、それでもツイッターという「フラットなプラットフォーム」では、一四〇字のツイートを、時には連続して送るやりとりを通して、「人の器が知れちゃう」し、世の中には多様な人間がいることを学べると、クリスくんは評価しています。

クリス　ただ単にこの人、悪口言いたいだけだな、僕に対して。で、何かわかんないけど、やっぱ何かちょっと顔が知れるようになると、そういう人も出てくるじゃないすか。これはそういう人だって人と、これはちゃんと内容について思うところがあって僕に教えてくれてるんだな、っていう方を見分けつくようになって。

これ本当に僕の判断で、ありがとうございますって、いろいろ質問したりとか、思うところ、僕はこう思って、こう主張しますっていうことをちゃんと一四〇字なり一四〇字続けてなりで。その短い文章のやり取りで、結構本当に勉強になるところがありますし、世の中にいろんな人っているんだなってのは、いい意味で学べるので、あのフラットなプラットフォームは、本当に。

クリスくんは、若い世代が新聞を読まない、テレビも「見ない人は見ないすね」という状況を語り、その理由をこう分析します。

クリス　若い世代はもう問題意識を共有できてる状態なんですよ。実際困ってるし。SNSでもお互いにわかり合えてるし。で、SNS内でもメディアの公式の記事とかを共有できたりとか、自分たちでコミュニティを作ってそれなりに情報交換とかできたりとか。で、全国の知らない高校生とかでもお互い情報交換。沖縄の高校生とかと一緒に話したりとか。

既存メディアの記事や番組内容は多くをオンラインで入手できる上、一方通行で読むだけ見るだけでない「対話型のメディア」がSNSです。しかも、問題意識を共有する人たちが

ＳＮＳ上でコミュニティを作り情報を共有し合う「参加型メディア」であって、英語を使えば日本どころか世界ともつながれます。それも、面倒な手続きなしに簡単にできます。従来のメディアにはない魅力です。

それでもＳＮＳに限界はあると、音晴くんは、今回の大学入試改革に関する議論を例に、論じます。

音晴　何が例えば自分にとっては都合が悪くて、何が不満で、何がおかしいと思ってて、っていう意見は、ツイッター上にはいくらでもあって。

でも、ツイッター上にはいくらでもあるのに、それってやっぱり、ある意味、たわいもないツイートも、すごい大事な立場の人のツイートも、同じように流れるっていうのも、特質上、やっぱり可視化しにくいですよね。

まあ、トレンドとかそういうのはあるけれど。でも、集まってる、っていう部分が、やっぱり見えにくい。でも、そういうふうに発信している人はいくらでもいて。

でも、ある意味、誰にでも見えるようにはならないから、だからこそ、サイレントマジョリティって胸張って言わせちゃうような、もう言わせちゃうような状態だったわけですよね（第一章を参照）。

それが、そもそもだから、そういうのがツイッターっていうプラットフォーム上、やっぱ伝わりにくい。壁に向かってすごい叫んでるみたいな感じで、伝わりにくいし、集めにくい。声を集めにくい。

実際にツイッターで話していても、ある人はこの民間試験はよくないっていう話をしていたり、いや、そもそも民間試験に委託するってこと自体がどうとか。いや、そもそも入試を公共化する、私営化するってこと自体がって、いろんな視点で話してる人がいて。そうすると、ある意味で言えば、多角化してるんですけど、いろんな。全然知らない人がちょっと見た限りでは、何かよくわからんけどいろいろ散逸して、みたいに見える人には、見える。見える人には見えちゃうから。誰にでも問題点が見えるようにならない。伝えるっていう点で伝わりにくい議論になっちゃってるなっていうのは、すごく葛藤としてあって。

誰もが何でも自由に言える場としてのツイッターは、多様な人々の多様な意見が刻々と出てくる強みはあるけれど、それぞれがそれぞれの視点で主張するので、「壁に向かって叫んでいる」ようになり「声を集めにくい」という弱点もある、というのはまさにその通りです。

メディア報道について

「新聞を読まない、テレビを見ない」世代でありながら、抗議活動に参加した三人は、既存メディアに取り上げてもらったことは大きかったと感じたようです。

服部くんが新聞の取材を受けたのは、埼玉県知事選での警官による排除事件を伝える記事でした（第二章）。クリスくんは、日本学術会議のシンポジウムで文科省の視学官に質問したことで、週刊誌『ＡＥＲＡ』の取材を受けました（第一章）。

音晴くんは、文科省前の抗議活動に参加するようになってから、『ＡＥＲＡ』のインタビュー記事に登場しました。

筑駒生、大学入学共通テスト中止を訴える「ぼくたちに入試を受けさせてください」[6]

——大学入学共通テストの根本的な問題点はどこにあると考えますか。

入試制度改革の流れをみて感じたのは、試験本番の運営のことをなにも考えていないということです。どのような事務的手続きが必要なのか、いかなる不測の事態が起きるのかについて、まったく対応できていません。きちんと制度設計しているのでしょうか。五〇万人の受験生が同時に受ける試験なのに、試験内容、スケジュール、実施会場などの決め方が、行き当たりばったりです。入試政策うんぬん以前に、入試実施にあたっての運用能力に問題があります。最近でも、英検の申し込み期限が延期されました。はずかしくないのでしょうか。民間委託といいながら、民間ならばこんなことは通用せず、問題視される事態です。

——英語民間試験の活用はどのあたりに問題がありますか。

地方在住の受験生、ハンディキャップを持つ受験生に対して、大学受験の機会が平等に与えられていません。公平性が保たれていません。ぼくはこの問題で全国の高校生に独自調査をしました。地方の高校生は英語民間試験を受けるだけで交通費、宿泊費がかかってしまい、親にこんな負担はかけられないと憤っています。ハンディキャップについては、吃音《きつおん》の高校生にスピーキングの試験で長めの時間を設けるといった配慮があるのか、全然わかりません。

それゆえ、心配しています。英語民間試験を受けるまでの手続き、試験の内容がまだ十分に明らかにされていない。中身が発表されても不備が多い入試制度です。都会の高校に通うぼくらにも詳しい情報が入ってこない。ぼくが通っている学校で「共通ＩＤ」が話題になったとき、「まだなにも決まっていないのか」「あまりにもずさんだ」という声が多くあがりました。

この記事が話題になったことについて音晴くんは、「筑駒生（筑波大学附属駒場高生）」という「記号」を理由に挙げ、あえて学校名を出したこともあったのではないか、と振り返りました。

クリスくんは、通っている学校の校名を公表せず「私立高校」だけにしましたが、写真撮影で顔を出すことを承諾しました。写真撮影を許可したのは音晴くんも同じで、二人とも、当事者である「高校生」という記号を積極的に活用しようと前向きだったことが、取材につながったといえます。第二章で紹介したように、英語民間試験導入阻止へ向けての、極めて冷静な戦略だったようです。

クリス　顔出しがＯＫで発言する高校生っていうのは、まあ珍しいし。あまり接点が持てないので、メディアの方としても、高校生に直接会いに来るのは、ちょっとタブー視されちゃうじゃないですか。
　むしろ私は取材ＯＫだし、取材してほしいって人が、僕くらいしかいなかったので。

クリスくんは、テレビの取材も受けています。

クリス　何か懇意にしてる記者さんができて、文科省前抗議で毎回会ってるとか、そういうつながりで。
　一回目が、「英語民間試験、どんな問題がありますか？」みたいなことを聞かれて、実際、今これで困ってるとか、で、今どういう勉強してる、とかいうことをお話しして。
　生（放送）じゃないです。事前に収録して、それを編集していただいてっていいう取材が一つあって。そのときの反響も結構すごくて。

あれが初めて当事者と合わせて問題が明るみになったというか。結構いろんな人に知ってもらえた第一段階で。

英語民間試験導入の延期が発表になった途端、すぐにコメントを求めてきたのもテレビ局でした。

クリス　英語民間試験が延期になった瞬間、朝、起こしてきた記者もテレビの方。さっそく、高校生としてどう思うんだってことを聞きたいってことで、その三時間後くらいに、すぐにテレビ・クルーが来て、地元の公園で。

クリスくんは記述式問題についてもテレビ局の取材を受けています。

クリス　記述式が見送りになる前に、聞きたいですっていわれて。

記述式の勉強っていっても、まあ、現代文の要約とかやってるの全然困りはしないんですけど、採点のブレがあって絶対だめでしょってこととか、いろいろ言ったりとか、そこで話したのが一つと。

国語と数学への記述式問題の導入も結局、見送りになりました。

クリス　一回断ち切る流れを作れたから、あの記述式も見送りできたのかなと思ってるんですけど。

クリスくんへの取材は、いずれも編集されてから放送になりました。

鳥飼　で、その編集されたのを見てどう思いました？

クリス　結構、言いたいことを、時間もあるし限られてるのは知ってるんですけど、使ってほしいところ使えなかったかなっていうのは……。
　実際、記述式に関して、ベネッセの何でしたっけ、学力評価研究機構[7]でしたっけ、あれのことも話して。あれ実際、子会社で、そんなつながりのあるところでいいの？　採点落札して、そんな状況で受験生の採点させる、それでベネッセがそれをうたい文句にして営業もしてるってことを聞いたことがあるので、ちょっと怪しいかなみたいに思いますみたいに、もう完全に名指しで批判しちゃったことは、もちろん使われてなかったし。
すごく感情的な部分が使われちゃったんですよね。ふざけるなって言いたい、みたいなことを。

鳥飼　高校生っぽく怒ってるようなところかな？

クリス　そうなんですよ。まあ当然というか、予想できたことではあるんですけど。
ちょっとメディアも難しいな。実際会っても、よくも悪くも記者さんは、言いたいことというか問題にしたいことが事前にあって、それを実証してくれるというか現実性を持たしてくれるための具体的な人を先に選定して、言いそうなこと言ってくれそうだなみたいな人に当たって、というのはよくわかってるので。

鳥飼　いやもう、実によくわかってる。

クリスくんが、「記者さんは、問題にしたいことが事前にあって、それを実証してくれるというか現実性を持たしてくれるための具体的な人を選定」していると発見したのは、その通りです。

　むろん、あるテーマを取り上げるかどうかを判断するため事前の準備として専門家などの話を聞くこともあって、それに基づいて方向性を決め実際に取材する対象を決めることになります。新聞にせよテレビにせよ、賛成派として誰にするか反対派として誰にするか、という枠組みで取材をすることが多いと感じています。

　専門家が相手なら専門的知見からの判断を語ってもらうことになりますが、高校生を取材するのは、当事者がどう思っているかを語ってもらい「現実性を実証」するためでしょう。高校生らしい反応を求めるのは不可避かもしれません。

　新聞の場合は、自分の発言がどうまとめられるかを事前に確認し、必要があれば訂正してもらうことが可能です。朝刊に掲載するのに、前日の夜中まで担当者とコメントの修正についてメールでやりとりしたこともありました。

　困るのはテレビです。生放送なら、しゃべってしまえばそれまでですが、多くの場合、クリスくんが体験したように、インタビューを録画しておき、ニュース番組なら一分ほどに編集して使います。念のためにあれこれ質問して答えを引き出すので三〇分くらい話すこともありますが、実際に使われるのは一～二分となれば、編集することになります。編集は、番組で使えるように、ここぞ、という箇所を切り取るわけです。どのように編集されるかは、取材された側は確認のしようがないので、放送になった番組を見て、驚愕《きょうがく》することもあります。

新型コロナ感染症について連日、数多くの報道がなされた中、編集をめぐる問題も顕在化しました。二〇二〇年五月、テレビ朝日の情報番組「グッド！モーニング」から「ヨーロッパと日本のコロナ対応に関して現場の生の声を聞きたい」と依頼され取材を受けた医師が、主張したのと異なった意見であるかのように編集された、とフェイスブックで訴えたのです。

取材はテレビ電話で五月六日に行われ、「今の段階でＰＣＲ検査をいたずらに増やそうとするのは得策ではない」と答えたのに、七日の放送ではその部分がカットされ、「ヨーロッパ各国でのＰＣＲ検査は日本よりかなり多い」という文脈で編集されインタビュー映像が流された。そのため「ＰＣＲ検査を大至急増やすべきだ」という「真逆の意見として見える」ことになり「愕然とした」との主張です。「ＰＣＲ検査数をどんどん増やすべきだというコメントが欲しかったようで、繰り返しコメントを求められました」とも伝えています。

番組では五月一二日の放送でメイン司会者が、「同じＶＴＲで別の学者の主張も伝えたので、結果として、ＰＣＲ検査を直ちに増やすべきだという主張をしている印象になった」と謝罪した上で、この医師を取材したＶＴＲを約二分半にわたり放送しました。[8]

違う意見を持つ二人の専門家を並べ、視聴者に是非を判断してもらうという演出はよくあるのですが、問題は、この医師が主張していた「ＰＣＲ検査を今後増やしていくこと自体は大事だが、今、現場で不必要な検査が増えることは望んでいない。急場で検査数だけ増やしてくれと言われても難しい」という肝心な部分をカットした編集のあり方でしょう。

その後も新型コロナ感染対策を巡っての報道で、テレビ番組の編集が批判されました。コロナ禍で困窮している学生への支援として政府が公表した案が不十分だと、テレビ朝日「報道ステーション」の取材で訴えた学生団体代表の発言が、「一〇万円、二〇万円もらったところで何になるんだ」と一部だけ切り取られて放送（二〇二〇年五月一九日）され、ツイッター上で炎上。学生団体は五月二一日、テレビ朝日に抗議文を出すに至りました。[9]

この学生団体はコロナ対策として「学費の一律半額」、そのための政府による大学への補助を求めており、政府案での申請方式では「支援が必要な学生の取りこぼしが生じ」、高額な学費がある中で「焼け石に水の支援」になってしまうと主張したのに、一部だけが報道されたことで、問題について知らない視聴者に誤解を与えかねないとして、「十分な報道による誤解の解消」を求めました。

「これは私の発言意図とずれてしまっている」と感じた経験は筆者にもあります。悪気ではないのでしょうが、編集担当者が専門知識不足のため、別のところで違う文脈で発言したことを切り取ってつないでしまい、いつもの自分の主張とまるで違ってしまったことがありました。また別のテレビ局では、二〇分もあれこれ質問された最後の最後になって全く違うことを聞かれたので「突然、何？」と不可解に思いながら、「そうですねえ、でもそれはまずいですよね」と答えたら、その一言だけが使われたこともあり、番組として聞きたいのは実はここだったのか、と放送を見て徒労感に襲われたこともありました。

これは一つの局に限ったことではなく、どのテレビ局でも多かれ少なかれあることです。番組の放送時間は決まっていてインタビュー全部を流すには「尺が足りない」となり、どこを選んで編集するかになります。編集権はテレビ局にあるので、取り上げる以上はここを使って主張したいという思いが制作側にあるのは自然でしょう。

二〇代後半の頃、民放テレビ局で毎週、特定のテーマに沿って有識者をインタビューする番組の司会をしていたことがありました。確か石油の生産量についての回で、ゲスト出演した高名な学者が打ち合わせで、「で、どっちのスタンスで喋《しゃべ》りましょうか？　困るというのか、困らないというのか、どっちでも話せますよ」と切り出し、絶句しました。当時の私は、なんと無責任な、と怒りを抑えるのに懸命でしたが、今思えば、その超有名な学者はテレビ慣れしていて、番組側の意図に合わない発言をしても編集されてしまうか、次から声がかからないかを熟知していたのでしょう。

いろいろな取材を受けながら、メディアを仔細《しさい》に観察したクリスくんは、「テレビのほうの働らきっぷりも間近で見て」、取材する側の苦労を認識するようになりました。既存メディアは「批判が弱い」と感じ、「SNSでバチバチやってるような感情をちゃんと報道してくださいよ」というつもりで記者に接しているうちに、問題の所在をきちんと理解している記者にも出会います。

クリス　メディアの方々も実際にお会いしたりすると、いや、あれひどいよね、って、ちゃんとわかってくれてたりとか、知ってるんですよ。

どうしても記事にしたいし、ぜひ協力したい、ってことで相互的に同じ方向を向いてた、っていうことで、メディアとしてもメディアの使命を果たしたい、っていう方々がちゃんと声を拾い上げてくださってっていう。

ただ、現場の記者が希望した通りには記事にできなかったり、映像にならなかったり、という現実も体験したようです。また、取材の際に、ここを言ってもらいたいという取材側の意図があることに気づくようになり、報道の難しさも垣間《かいま》見たようです。

クリス　メディアも結局、人間がやってることなんだな、っていうのが。

「現代文」（科目）とかでメディア・リテラシーとかの文章なんかも読ましてもらったりとか、いろいろ理論的に知ってはいるし。

結局、人間のフィルターを通して報道されてるから、本当に中立的とか客観的な報道は難しいよみたいな。現実的には難しいよ、っていうところまでは知ってるんですけど、どうしてもそれを目の前で知ってしまうと、ちょっとショックだなっていうのは。

あ、そう、これ本当にいろんなことでも言えて。

中立な立場で客観的な報道を目指していても、記者も人間であり、現場の記者に指示を出す上司も人間であって、記事として番組として世にでるまでには、さまざまなことが起こります。その一端を見聞きしたらしいクリスくんは、大手メディアの報道も結局は、「人間のフィルターを通しての報道」であり、「人間がやっていること」だと知ります。

服部くんが初めてメディアの存在を目の当たりにしたのは、二〇一九年六月に英語民間試験導入中止の請願書を国会に提出し（第二章）、記者会見が行われた時でした。生中継されるなどメディアにも取り上げられ、その場に服部くんもいました。

鳥飼　国会の請願提出の記者会見にはいらしたのよね、その場に。

服部　はい、そのときいました。

鳥飼　どう思いました？

服部　そのときは、本当にこうやって人が動くんだなっていうふうに、純粋にびっくりしましたね。やっぱり私自身、愛知県に住んでいて、そんなに、国会とか政治って、身近じゃなかったんで、本当にこんなふうに声を上げる手段っていうのがあるんだな、っていうふうに。知識としてはもちろん持っていましたけど、実際に初めてエッフェル塔を見たような感覚でした。本当に存在するんだ、みたいな感じでした。

国会請願が実らないで挫折感を味わった服部くんは、埼玉県知事選での柴山文科大臣による応援演説の場に出かけ、警官に排除されます。そして、その事件のすぐ後、新聞の取材を受けます（第二章）。

鳥飼　最初に朝日新聞が取材しました？

服部　はい。

鳥飼　朝日はどうやって、この件を知ったわけ？

服部　朝日は多分、ツイート読んで知ったんだと思いますけど。それで文科省に来いって言われたんですよ。

鳥飼　えっ？

服部　取材で。文科省のラウンジで取材受けたんですよ。
鳥飼　ええー。そうなんですか。で、一部始終、語ったんですか？
服部　はい。それで、朝日新聞、八月二七日だと思いますけど、朝刊の社会面に、「文科相、大声出す権利ない」「大学生、反対訴えたかった」みたいに出た次第です。

朝日新聞の記事が出た後、毎日新聞と東京新聞からの取材はありましたが、テレビ局からの依頼は、NHKからも民放からもありませんでした。全く取り上げなかったテレビ局の姿勢に、服部くんは疑問を感じたようです。

服部　あれだけ大変なことがあって、テレビがこなかったというのは、忖度《そんたく》文化っていうのが根付いちゃったのかな？

服部くんについての記事を読んだ言論人が何人も、「これは人権問題にかかわることで、とんでもない」と論評しましたが、服部くん本人に「会いたいって言ってきた人はいなかった」のが現実でした。

「最近もう新聞もそんなに読まれる媒体じゃなくなってきてしまいました」と服部くんはインタビューで述べ、やっぱりSNS世代だという印象ですが、雑誌『世界』の座談会（第二章）では、「SNSは閉ざされたメディアだ」と語っていました。それはどういう意味なのでしょうか。

服部　例えば、ツイッターってメディアって、私、二〇〇〇人をフォローしてるんですけれど、そのフォローしてる人のツイートしか流れてこないんですね。

普通の人からすると、民主党っていうのはたたかれるものだと思ってるので、そういうツイートいっぱい流れてくるんですね。だからそうなると、私はもう、安倍やめろと。こっちの人は、もう、民主党はとんでもない、売国奴だ、韓国とつながってる、みたいなことを本気で信じてるんですよね。で、そうなってると、ここはもう交じり合わないっていうか、たまに交じり合っても、もう戦い、戦争になっちゃうわけですよ。

で、もう、こっちのかいわいでは安倍とんでもないと。で、またコロナ・ウィルスめちゃくちゃだと。で、カジノめちゃくちゃ、河井案里夫妻はめちゃくちゃ。でもこっちはまた、民主党むちゃくちゃ、慰安婦はなかったとか、そういうことばっかりじゃないですか。ここはもう、交じり合うこと、絶対ないんですよね。

似たような意見を持っている人同士がやりとりをするだけで、多様な意見が「交じり合うことがない」という意味で、ＳＮＳは「閉ざされている」メディアだと服部くんは考えているわけです。では、「開かれたメディア」というのは、どういうメディアなのでしょうか。

服部　ないんじゃないんですかね。存在しないんじゃないですかね。今や、メディアっていうのも多様化してしまって。

「新聞を読む大学生って、今、もういないんですよね」と言いつつ、服部くん自身は大学図書館で、新聞を読んでいるようです。

服部　私は大学の図書館にある朝日と毎日新聞と東京、読んでますけど。

時間が取れたときに、一時間くらいかけて読む。たまに産経とか読みますけど、そっちの視点から見てっていうことは結構面白いときもあるんで。特に産経って、ロシアとか中国の記事が面白いので、たまに読みますけど。なかなか私たちの世代だと、情報を得るっていったら、ネット・ニュースですよね。

鳥飼　じゃあテレビはどうですか？

服部　もうテレビも、私、見ないですし。

ただ、テレビって主婦層が見てるので、まだワイドショーとか、ある意味、一番影響力大きいですよね。

例えば小泉進次郎不倫疑惑みたいなのがあったじゃないですか。あれなんかワイドショーでやれば、すごい盛り上がると思うんですけど、やらなかったですよね。芸能人の麻薬のことはやるのに、小泉進次郎の不倫はやらない。

鳥飼　そうなると、若者はやっぱりますます見なくなりますかね。

服部　見ないですね。で、もう、例えば三〇年後を考えたときに、私たちの世代が次、子どもを持ったときにどうなるかって……。

服部くんは、三〇年後のテレビの将来について懐疑的でした。NHKについては「最近のNHKはひどいじゃないですか」「ちょっと民放に寄ってきている」とバッサリ。ラジオは、自分はたまに聞くけれど、やはり「聞いてる人、いない」。だから、ラジオもテレビも「世代交代」すると予測しています。

服部　今もラジオとか聞いてる人、いないわけですけれど。たまに私、聞きますけど。それと同じで、世代交代だと思いますね。
鳥飼　若者はラジオも聞かない？
服部　浪人してるときに聞いてる、みたいな友達はいましたけど、ラジオは聞かないですね。
鳥飼　やっぱり聞かない。わざわざは聞かない。
服部　聞かないですね。
鳥飼　そうすると、BSも見ない？
服部　BSは見ないですね。
鳥飼　YouTubeなら見る？

服部　これで、YouTubeは見ます（と手元のスマートフォンをかざします）。
鳥飼　YouTubeはスマホで見るわけね。
服部　ただ、YouTubeっていう媒体は、誰でも発信できるじゃないですか。ある意味、適当なんですよね。裏取りもしないし。だからすごい、デマを拡散しがちなんですよね。だから、大手メディアではあり得ないような陰謀論だとか。それも一瞬で拡散されてしまう。結構そういうの見られてるんですよね。
裏をとって検証してから報道するのではなく、誰でも自由に何でも発信できるメディアが人気だというのは、危険ではないのか。それについて、服部くんはどう考えているのでしょう。
鳥飼　メディア・リテラシーっていうのは、どういうふうにしたらいいと思います？
結局、見る人が自分で判断するしかないわけよね。あふれるような情報を、右から左から、過激から、デマから、もういろいろ。
で、大統領でさえも、うそのニュース（fake news）を流す時代ですから、そうい

うときに、どうやって正しい情報を選び取って、自分の判断材料にするかっていう
メディア・リテラシーが本当に必要なんだけど、これはやっぱり教育ですかね。

服部　教育でしかないと思うんですけれど。ただ、教育にいってるのが、ああいう人たちですからね。

洪水のように溢《あふ》れている情報の中から、適切な情報を選び出すためには、メディア・リテラシーが不可欠ですが、それには教育が大きな役割を果たします。ところが、大学入試改革で闘った若者が目にしたのは、教育に携わる大人たちの実態でした。自分で判断する力を身につけるのは「教育でしかない」と思いながらも、「ただ、教育にいってるのが、ああいう人たちですから」とピシャッと結論づけた服部くんの一言。大学一年生にこんなことを言わせるに至った大人の責任を痛感せざるをえません。

YouTube の負の面も指摘しつつ、これからメディアとして伸びていくのは、YouTube だろうと服部くんは考えています。公共放送であるＮＨＫは、インターネットとの同時配信を始めました。将来はどうなるでしょう。

服部　今どき、お金を払って情報を得るっていう文化が廃れ始めているので。
鳥飼　そうすると、受信料を払わなくなる？
服部　だし、その受信料払う余裕もないんですよね。
鳥飼　ＮＨＫの将来、危うい？
服部　なくなるでしょうね、三〇年後には。

ただし、服部くんは、例えば国会中継は、全部ちゃんと流すべきだと主張します。

服部　国会をそのまんま見せればいいんですよ。変に解説を加えずに、ちゃんと流せばいいんですよ。一番偏ってないメディアですから。一番、公正公平ですから。

国会での議論をそのまま中継する必要性を主張しながら、我が身を振り返り、こんなことも服部くんは口にしました。

服部　ただ、あんな国会中継をまともに見てたら、気分が悪くなると思います。だから、あれを見てる人ってだんだん先鋭化していっちゃうんですよね、どうしても。私もちょっと最近、ツイート口が悪くなってますけど。もうストレスたまってるんですよね。仕方ないんですよ。

でも、それってよくなくて。まじめに国会を見たりするだとか、本を読んだりするだとか、そういうことをする人って、ストレスがたまるじゃないですか。で、ストレスがたまって怒るんですよね。安倍はとんでもないと。経済破壊してると、やめろって言うんですけど、いわゆるノンポリの人たちから見ると、先鋭化した左翼にしか見えないんですよね。で、もうそこでどんどん分断が生まれていってしまって。

メディアから少し離れて、本はどうでしょう。若い世代は本も読まなくなっているとも言われます。

服部　読まないですね。

服部さん自身は本を読んでいるようなのですが、「本も閉ざされた空間だ」と座談会で語っています。

服部　私はもう、危機感を持ってるので、例えば松岡亮二さんの『教育格差』（ちくま新書）とか、朝比奈なをさんという方が『ルポ 教育困難校』っていう、朝日新書とか、そういうのを読むんですけど、私は。そういうのって危機感を持っている人しか読まないじゃないですか。去年の新書一位になった、『ケーキの切れない非行少年たち』（新潮新書）とかもそうですけど。

でも、そういうのどうでもいいと思ってる人って、本を読まないんですよ。私もそんなにたくさん読むほうじゃないんですけれど、はっきり言って私、全然本なんか読まないですけど、危機感を持っている分野の本しか私は読まない。

服部くんは危機感があるので、そのような分野の本なら読む、しかし大方の人たちは危機感がないから、本を読まない。そして有名大学の学生たちが、「一番、今の政治の被害者なのに」、「もう信じられないようなことを本気で思って」ツイートしているので、それを読んで「大学生の現状を知って欲しい」と語る服部くんから、焦燥感というか絶望感さえ感じられました。

鳥飼　何となく暗いんだけど、皆さんが将来の社会を担っていくうえで、打破するすべっていうのは、どういうところにあると思います？

服部　いくところまでいくしかないいんじゃないですかね。

「いくところまでいくしかない」という絶望感を、服部くんは「限界」という言葉でも表現しました。

服部　民主主義も限界にきてますよね。
もう世界中の政治見ても限界じゃないですか。

服部くんは、少子化が今後もっと進み社会が崩壊しかねないとも予測し、その根拠として、

「反出生《はんしゅっしょう》主義」に言及しました。人間は生まれない方が良い、子どもを産まない方が良いという哲学で、これが日本の若い世代で流行っているというのです。

服部　こんな世の中に子ども生まれたら、子ども、かわいそうじゃないですか。見て下さい、今の文科省、教育。

ただ、「社会がそろそろ限界なので、ガラガラポンが来ると思います」とも語り、希望は捨てていないようです。

それにしても、これほどの絶望感はどこからくるのか。一つの鍵は、服部くんの一言に秘められていました。

服部　私が中学に入ってから高校卒業するまで、総理大臣、ずっと安倍さんなんですよ。もう政治ってのはむちゃくちゃなもんだって思わされてる世代なんですよ。

世代ということでは、高校二年生のクリスくんは、大学入試改革を主導した関係者の誰もが同じような世代だと見ています。

クリス　関係者、大体同じような年齢層なんですよ。いい地位と立場を持って。

第二次世界大戦後のベビーブーム世代を英語では、boomersと呼びます、日本では「団塊の世代」。この世代が、今の高校生の将来を左右するような政策を推進したことになるわけです。

その上で、クリスくんは、「ベネッセで育ってきた世代」が、そろそろ教員になっていると指摘します。

クリス　そろそろベネッセで育ってきた世代が教員になってるんですよ。だから違和感なくベネッセのGTECとかを簡単に受けさせちゃうんですよ。

鳥飼　ああ、そういうこと。違和感ないんだ。おなじみだから。

クリス　そう。私はベネッセで育ってきたんだ、って言う人もいますからね。

私自身は進研ゼミもＧＴＥＣも経験したことがなく、英検なら受けたという世代なので、どうしてベネッセがこんなに教育現場に入りこんでいるのか解《げ》せないでいました。高校での進路指導にベネッセは欠かせず、新学部立ち上げにあたってベネッセのアドバイスを求める大学も多いという実態は、ベネッセのビッグ・データと営業力が理由だと推察していました。確かに営業は強力ですし、ベネッセが持っている膨大なデータは大学にとっても中学高校にとっても魅力です。しかし、幼児の頃からベネッセに親しみベネッセの学習教材で育ってきた世代が教員になり生徒たちにＧＴＥＣを受けさせている、ということもあったのか、と何だかクラクラするようでした。

現在の日本は「二極化しちゃっていて」と服部くんは断じます。何かの問題についておかしいと思って、「ちょっと大変だ、と思って情報を集める」人たちと、そうではなく「自分が信じたいがために、オルタナティブなファクトを信じている」人と二極化している状態にある、と服部くんは「オルタナティブ・ファクト」を持ち出しました。

英語では、alternative が形容詞として使われていて「代わりの」「別の」という意味なので、alternative facts は「別の事実」「もう一つの事実」という意味になります。「事実」を意味するfactが複数形factsとなっていることから、ある事実の他に別の事実があり、事実というのは一つではなく複数ある、ということなのが分かります。

この表現を使ったのは、米国大統領顧問E・コンウェイ（Kellyanne Elizabeth Conway）。トランプ大統領就任式に集まった群衆が、オバマ大統領就任式に集まった群衆よりも少ないことが空撮写真で明らかなのにもかかわらず、スパイサー（Sean Spicer）ホワイトハウス報道官が「過去最大の人々が就任式に集まった」と述べ、「明らかな虚偽」と批判されました。それを受け、二〇一七年一月二二日放送NBC "Meet the Press" で問われたコンウェイ顧問が、「もう一つの事実だった」と答えたことに端を発しています。番組司会者[10]は、こう切り返しています。

"Alternative facts aren't facts, they are falsehoods."
（「別の事実」という事実はない。「別の事実」とは嘘《うそ》なのです）

falsehoodsというのは、フォーマルな英語で「虚言」、日常語で言えばlieです。

大統領就任式に集まった数を偽ったのは何のためか、番組司会者は食い下がりましたが、答えは得られませんでした。どうやら大統領の指示らしいとなりましたが、これ以降、トランプ大統領とメディアの確執は続き、気に入らない報道はすぐに大統領がfake news（偽のニュース、偽報道）と批判するようになりました。

日本では「フェイク・ニュース」とカタカナ語で使っていますが、英語のfakeは「偽造の、偽物の」「偽の、偽りの」という意味です。毛皮がfake（模造）であっても構いませんが、報道がfake（偽り）というのは由々しいことです。

alternative factsにしてもfake newsにしても、要は「虚偽」であり「嘘」です。大人たちが、嘘や虚偽や欺瞞《ぎまん》を公然と行っている世の中。これは日本も同じです。そのような中で育った若い世代が、将来に希望を持てず、絶望感や虚無感に襲われているのは彼らの責任ではありません。大人の責任です。

なんとかしたい、しなければならない、と思います。そして、なんとかできると、どこか希望を捨てられないでいるのは、第二次世界大戦後の、世界を良くしようと活気が満ちていた時代に育った世代だからでしょうか。なんとかするための一つの方策として、メディアがあるのではないかと考えています。

既存メディアが衰退傾向にある中で、海外では再生しようという動きが出てきています。「建設的ジャーナリズム」（constructive journalism）[11]への模索です。

これまでのメディアは、新聞にせよテレビにせよ、可能な限り中立を保ち、事実を伝えることを使命としてきました。論争になっている事柄があると、賛成派と反対派の意見を並べて提示し、読者や視聴者に判断を委ねるという姿勢です。しかし、この報道のあり方を続けることは果たして正しいのだろうかと、人々がメディアから離れていく現実に直面し、ジャーナリストたちが自らの使命を問い直し始めたのです。

constructiveとは「建設的」、constructive criticismは「建設的な批判」――批判のための批判ではなく、よりよくする目的を持った前向きの批判です。constructive journalismは、社会をよくするための建設的な報道です。自ら課題を探し発見する、そして調べる、長期的視野で分析し考える、議論する。その上で、一歩踏み込み、解決策を提案するまでを担う報道。

三人の若者が闘った「大学入試改革」についても、心ある記者たちが真剣に取り組み、記事にし、番組を作りました。それでも、二〇一三年から制度設計に難ありと指摘されていながら、土壇場まで止められませんでした。無論、その責任は無理を承知で突っ走った政府にあるわけですが、あえて課題を探るなら、主要メディアは従来通りの倫理観で、中立な報道を心がけ、両論併記を怠りませんでした。理にかなっているのは英語民間試験推進派か反対派か、には正面切って踏み込まず、あえて淡々と伝え、判断は滲《にじ》ませるだけに抑え、立ち位置を明確にするのは社説か識者の論考という役割分担が多かった印象でした。むろん、事実を正確に報道することは基本です。しかし賛否両論を伝えるだけで良いのか。

発想を変えて、事実は事実として伝えながらも、同時に、こうすることはできないのだろうか、これは可能なはず、という対案や提案を考えても良いのではないか。それでも若い世代が既存メディアから離れていくかどうか、今が肝心な時のように思います。

若者たちが希望を失わずに未来に向かえるようにするのは今の大人の責任であり、メディアだけの問題ではありません。しかし、その役割の重要性に鑑《かんが》みれば、メディアから変わっていくのも一つの道かもしれない、と若者との対話を通して考え始めています。

1　一五〇日のサマー・ウォーズ：英語民間入試延期に向けて僕たちがやったこと

2　trend の意味は「傾向」「流行」。ツイッターでは、急激にツイートの出現回数が増えるなど注目されている話題や言葉を指し、「トレンド」セクションで上位20に入ると「トレンド入り」となります。

3　timeline は「日程、予定」「年表、年史」がもともとの意味ですが、ツイッターにおける「タイムライン」とは、複数のツイート（投稿）を時系列に並べて一覧表示する機能および表示欄のことです。

4 女子プロレスラー木村花さん（五月に逝去）やジャーナリスト伊藤詩織さんが受けた誹謗中傷をきっかけに、被害者救済の法整備も検討されています。

5 第一章を参照。

6 「AERA dot.」https://dot.asahi.com/dot/ 小林哲夫2019.10.25.0700

7 株式会社・学力評価研究機構は、大学入学共通テストで記述式問題の採点業務を落札しましたが、会社所在地がベネッセ本社内。電話番号がベネッセ高校事業部の番号と同じであることが露見し、幽霊会社ではないかと批判されました。

8 朝日新聞デジタル二〇二〇年五月一二日（火）一八時三一分配信「取材内容と異なった報道」医師の抗議でテレ朝が謝罪。

9 「一律学費半額を求めるアクション」

10 NBC "Meet the Press"（二〇一七年一月二二日放送）司会者はChuck Todd

11 NHKBS1、二〇二〇年四月二五日放送

第五章　三人を育んだもの

ツイッターはニックネームで

英語民間試験導入反対の活動に参加した三人は、それまで互いに会ったこともなく、ツイッターでの投稿を通してだけの知り合いでした。筆者も、「ひっきたい」「こばると」「クリス」というツイッター上の名前しか知りませんでした。そこで、ツイッターで使っているニックネームの由来を聞いてみました。

鳥飼　「ひっきたい」という名前、これはどんな意味があるんですか？

服部《はっとり》　中学一年のときに、突然そう呼ばれ始めて。中高一貫に通ってたんですけれども、中学一年のときにそうやって呼ばれ始めてしまって。何でか、もうちょっと全然。気づいたらそうなっていた、っていう感じだったので。

鳥飼　何ででしょうね。英語で初めて筆記体を習ったから？

服部　私、筆記体、書けないんですけどね。

音晴くんは高校入学時から「こばると」でしたが、今は別のニックネームに変えています。

音晴　「こばると」というニックネームを決めたのは高一の春で、そのときは「なんとなく理系っぽくてかっこいい」とか「本名（おとはる）と字の並びが似ている」といったことを考えていた気がします。

ただ、同じような〝かっこよさ〟をコバルトという文字列に見出《みいだ》す人はそう珍しくなかったのか、「同姓同名」が思ったより多かったので、何か他の人と区別できる特徴がほしいなあと思って、今の名前に落ち着きました。

クリス君は、日本生まれ日本育ちですが、ツイッターでの名前はChris Redfield Kenです。なぜ英語の名前なのか聞いてみました。

鳥飼　Chris Redfield Kenっていうのは?

クリス　SNSの名前といいますか。でも一応、もうほとんど本名みたいな感じで。実は父親がアメリカ人で母親が日本人のハーフで、国籍を分けてるのでアメリカのほうの名前もあって、それがクリストファー・カミングス・フォトス（Christopher Cummings Fotos）って名前なんですよ。Kenは、「健」という日本名です。

鳥飼　で、ここでは何てお呼びしたらいいの？

クリス　健くんとかクリスくんとか、まあ気軽に。「クリス」が一番しっくりくるかなって思うんですが。

という次第で、本書では「ひっきたい」くんを服部くん、「こばると」くんを音晴くん、Chris Redfield Kenくんを「クリス」くんと呼ぶことにしました。

実際に会ってみると、三人はそれぞれ個性が違いました。話し方も違いました。辛口の内容をもの静かに端的に話す服部くん。明朗闊達《かったつ》で雄弁なクリスくん。考えながらじっくり語る音晴君。

ただ、共通していたことが、いくつかありました。まず三人とも、第一印象は、折り目正しく言葉遣いが丁寧ということ。打ち解けてくると若者らしいしゃべりかたも時に出てきましたが、年配者が「今時の若者は礼儀を知らない、口のきき方を知らない」と批判する若者像からは外れていました。むしろインタビューしている筆者の方が言葉遣いをあえて崩して質問し、彼らの礼儀正しさを取り除こうと試みたくらいでした。

次に、三人とも冷静にものを考える熟考型で、感情で行動するタイプではないこと。話し方も落ち着いていて、内容は分析的であり論理的。批判精神は旺盛だけれど、声高に叫ぶのではなく、むしろ穏やかな若者たちでした。

三番目の共通点は、自律していて主体性があること。つまり自分の頭で考え、自ら判断して決める力がある。それは「反対運動に参加する」という大きな決定だけでなく、小さなことでも見て取れました。例えば、インタビューは広い個室のある喫茶店で行いましたが、年上の編集者やインタビューアーに臆することなく、注文する飲み物はメニューを見て自分で決め、日本社会でありがちな、他人の注文を真似して「私も、同じで」とは、三人とも言いませんでした。

一人数時間ずつ話を聞きながら、筆者は三人に何度も舌を巻き、同時に、この三人はどういう環境で育ったのだろう、と思いました。

社会学者のブルデュー（Pierre Bourdieu）は、一人の人間を「行為主体」として考え、その「性向の体系」をハビトゥス（habitus）と呼びました。理解するのが難しい社会理論なのですが、「思考、感覚、表現そして行動を生み出す無限の可能性」がハビトゥスで、それを規定するのは「歴史的、社会的状況」とされます。やや乱暴に噛《か》み砕いてしまえば、一人の人間が何かを考え行動する、そこには、育った環境を含む個人の歴史、その個人を取り巻く社会とその歴史が深く関わっているはずで、それを抜きにしては考えられないのがハビトゥスです。育った家庭や通った学校などについての語りから、いわば三人のハビトゥスを探りたいところでしたが、わずか数時間のインタビュー一回ずつでは残念ながら無理です。ただ、そこまでいかなくても、彼らを育んだものがどのようなものであるか、その一端だけでも浮き上がらないかと試みたのが本章です。

まずは三人の家族です。特に両親。我が子が政治的な動きに参加することについて知っていたのか、知っていたとすれば、どのような反応だったか、質問してみました。

家族の反応

【服部くんの家族】

服部くんは大学進学のため愛知県から上京し、実家から離れて暮らしています。埼玉県知事選応援演説の場で強制排除された後、「まずは親に連絡したほうがいいか」と考え、家に電話しました。

鳥飼　ご家族の反応はどうでした？

服部　家族はもう、全然、大丈夫だからっていうことで。夜中三時に電話かけたんですけれど、怖かったって。全然大丈夫だよ、みたいなことを言ってくれたので。

鳥飼　落ち着いていらっしゃいますよね。じゃあ、ご家族は、そういう場に行くっていうこと自体はご存知なくて、事件が起きてから報告の電話を受けて、そうなの、って感じ？

服部　はい。

鳥飼　えぇー⁉　って感じでもないんですか。

服部　突然言われても反応に困ったと思いますね。

服部くんから報告を受けたお母さんは、その後も続いた余波に心を痛めていたと思われますが、次のようなメッセージをＬＩＮＥで息子に送りました。

「おつかれさま。ドキドキしながら見守っていたけど、権力に怯《ひる》まず、一貫して主張を貫く姿勢はホントに素晴しかった。アンタは母ちゃんの誇り」

鳥飼　これは、すばらしいですね。

服部　いい親を持ちましたね、私も。

［クリスくんの家族］

クリスくんは、文科省前の抗議活動に参加する決心をした際に、両親に知らせました。

クリス　父親はもう、え、もう全然、自由にやって、って感じなんですけど。

　母親も最初、文科省前抗議、行ってくるっていう話をＬＩＮＥでして、「え？文科省？　どうした？」ってなって、ちゃんと経緯を話したりしたら、もう全然、「行ってらっしゃい」って。「でも、悪い大人には気をつけてね」みたいな、そんな感じで。

［音晴くんの家族］

音晴くんの両親は、例えば取材などについては事前に把握しておきたいけれど、息子が主体的に行動すること自体には何も言わないという姿勢でした。

鳥飼　親御さんはどういうふうにおっしゃってるの？　まあ、好きにやりなさいっていう感じ？

音晴　まあ、そうですね。自分がそういう、おかしいと思うことだったり、正しいと思うことで主体的に動く部分には止めないし。

もちろん、取材出るときとか、そういうふうに教えてほしかったりはするけど。ただ、そういうの控えたりとかは、別に言わない、っていうふうにやってくれましたね。

鳥飼　それはもう育ってきたときから、小さいときから、そういう感じで、自分で考えなさいっていう感じだったんですかね。

音晴　どうなのかな。でも、結構、親も今回のことには少なからずやっぱ驚いてたんじゃないかなとは思います。

抗議活動への参加を止めたりしなかった両親は、実のところ、音晴くんが積極的な行動をしたことに驚いていたようなのです。

音晴　僕自身、数学とか言語だったり文学だったりっていう、いろんなそういうものに一人で没頭してたり。よく親は言うんですけど、勝手に自分の世界に入るとか、みたいな感じで浸ってることが多い、っていう感じの子どもだったので。

実際、他人と動いたりとか、人を動かそうとしたりとか、そもそもあんまり他人と一緒にっていうタイプじゃなくて。ちっちゃい頃から一人でずっとすみで本読んでるみたいな子だった、っていう印象が強かったし。そういうのは、やっぱある、意識があるので。

積極的に人を動かそうと思って、他人に働きかけるほどの何かパッションを見せたっていうのは、正直、多分、親としてもすごい珍しいというか、そういうふうに思われてると思いますね。

ひとつ重要なのは、三人とも親に抗議活動のことを話していることです。事前にせよ、事後にせよ、内緒にしてはいない。それは三人の胸の中に、話しても親はきっと分かってくれるだろう、という信頼感があるからではないか。

親子の間で信頼関係がなければ、子どもは隠れて行動するかもしれません。子どもは親の意向を敏感に察するので、反対されそうだ、怒られそうだと予想すればやめておくか、どうしてもやりたい場合はこっそりやってしまう。しかし三人は、親にきちんと自分の考えを説明し、「大丈夫」という親からの一言に感謝しています。

発達心理学の内田伸子・お茶の水女子大学名誉教授[1]は、育児にあたっての親のタイプを二種類に分けています。一つは「強制型しつけ」、もう一つは「共有型しつけ」です。

「強制型しつけ」は、「子どもを育てるのは親の役目。悪いことをしたら罰を与えるのは当然。言うことを聞かなければ、ひっぱたく」という育児です。「共有型しつけ」とは、「親子のふれあいを大切に、子どもと楽しい経験を共有する」という子育てです。調査によると「共有型しつけ」で育った子どもは、語彙力（知的能力）が高く、入試でも力を発揮するという結果が出ています。それは、親が子どもの自発性・内発性を大事にすることで、自力で達成する経験を積み、小さな成功体験を重ねて自信が生まれるからではないかとされています。

「強制型しつけ」どころか、子どもの心身へ暴力的抑圧を加える親[2]は存在しますし児童虐待は社会問題になっているほどです。ただ、多くの親は、子どもと楽しい時を過ごしたいと思いつつも、生活や仕事に追われる中、待っていられず思わず苛立《いらだ》ち「早くしなさい！」と怒鳴ってしまって後悔したり、強制と共有の間を揺れ動く日々を繰り返しているのが現実ではないでしょうか。強制の傾向が強い、どちらかといえば共有の傾向、くらいに考えて良いかもしれません。

「強制型しつけ」の傾向が強い場合は、厳しいしつけが親のなすべきこととは限らず、「子どもは自分の力で学び育っていくので、親の役目は邪魔をしないこと」と達観することが、良い結果を生むように思われます。

ただし、これは教育も同じですが、子どもを育てる難しさは、結果がすぐには出ないことです。育て方が成功したかどうかなど何十年も経《た》たないと分かりません。素直だった子が荒れたり問題児が優しい人間に育ったり。しかも、子どもは親だけでなく周囲の影響も受けて育つので、多様な要因が絡み、責任がどこにあるか特定するのも困難です。

第三章で紹介した鶴見俊輔《しゅんすけ》は、高名な祖父と父親の存在、そして厳しい母親の重圧からか、成績不良で登校拒否の悪ガキ、学校をいくつも転校し父親が「俊輔はメチャクチャ」と嘆くほどでした。では鶴見家の教育は失敗したのか。そうとも言えません。なぜなら鶴見俊輔は、やがて稀代の思想家になり、二〇一五年に九三歳で亡くなった後の今も、音晴くんのような若者に影響を与えているのです。

作家の高橋源一郎さんの原点は、一八歳の時、学生運動で逮捕され、「拘置所の独房で過ごした七カ月」です。「外界とは完全に切り離された自分だけの小さな空間の中で、……ずっと本を読んで過ごした。あの、ただひたすら考える時間が、いまのぼくを作った」[3]。

子育ては子どもが親離れした段階で一応は完了しますが、一八歳で人間一人出来上がり、ということではなく、そこからも人間は成長を続けていきます。そこに至るまでの親の責任は、子どもが自ら学び成長していく力をつけることなのかもしれません。とはいえ、自律性の涵養《かんよう》ほど、目に見えず成果を検証できないものはありません。何かあった時に、ああ、この子は立派に自律している、と感じるくらいでしょう。しかも子どもの個性はそれぞれ千差万別です。どの子にも使える処方箋など存在しません。

音晴くんは小さい頃、「一人で没頭してたり、勝手に自分の世界に入るとか、っていう感じの子ども」で、「そもそもあんまり他人と一緒にっていうタイプじゃなくて。ちっちゃい頃から一人でずっとすみで本読んでるみたいな子だった」とのことですが、親としてはどういう気持ちだったのでしょうか。

　子どもは友だちと仲良く外で遊ぶのが「元気な良い子」という通念はないでしょうか。筆者は、私立幼稚園の入試に組み込まれていた自由遊びで、「友だちと遊ばない」という欠陥が観察され、不合格となりました。つまり幼児が順調に育っているかどうかの基準に「友だちと遊ぶ」ことがあるようです。そこから類推すると、「一人でずっと自分の世界に入り、すみで本を読んでる」子というのは、親によっては気にする可能性があります。子どもにも孤独が必要[4]な時はありますが、たいていの親は、外で元気に遊び、友だちと仲良く遊ぶ我が子の姿に安心する。

　しかし、音晴くんの語りからは、ひとりで自分の世界に入りこんでいる子どもを両親が無理やり引っ張りだそうとした気配がありません。「楽しい時間を共有する子育て」をしようと介入したのでもなさそうです。これはあくまで筆者の勝手な推測ですが、子どもの心を尊重して自然体で見守っていたような印象です。「自発性尊重型」とでも言えるでしょうか。ノーベル賞を受賞した米国の物理学者が「すべての子どもは生まれながらに科学者なのに、周囲の大人がよってたかってダメにする。何もしないのが良い[5]」と、子育て中の筆者にアドバイスしたことを思い出しました。

自発性を尊重することの大切さは言語についても同じですが、言語獲得の場合は、周囲からの助け（scaffolding 足場かけ）によって社会化（socialization）の一環として学ぶ一面もあります。三人の卓越した言語力の源泉は、どこにあるのか、どうやって培われたのか。次は、言語との関わりを探ってみることにします。

言語についての意識

【音晴くんの場合】

何かを質問すると、音晴くんは考えながら慎重に言葉を選んで答え、その姿勢が、言葉に対して極めて敏感であるという印象だったので、言葉を大切だと思っているかを聞いてみると、「そうですね、やっぱ大事だなっていうふうに思ってます」と答えてから、次のように続けました。

音晴　言葉って、やっぱり口から出たり、書いて文字になっちゃうと、その言葉をとおしてしか見られなくなっちゃうので。やっぱりそこで一回言葉にするって、すごい難しいことだなっていう感覚が常にあって。だからそこは、確かに一つ、自分の感覚としてありますし。あと、よく言葉をすごく選んで丁寧に話すね、みたいなことは、よく言われるんですけど。僕自身はそういう、本当に言葉を紡ぎながら思考を考えてったりとか。本当に言葉に運ばれてるくらいの感じのイメージなので、思考が。

「言葉を紡ぎながら思考」あるいは「思考が言葉に運ばれている」という表現は、つまり「言語と思考」の関係を語っているのですが、これはそれこそ言語学の根源的な問題ですので、私は内心、驚きました。

高校生が漠然と感じることはあるにしても、言語についてそのように言語化できるということは、どこかで「言語と思考」について学んだのでしょうか。そう考えて聞いてみると、音晴くんは「僕は言葉の、それこそソシュール[6]の話だったりロラン・バルト[7]の話とかは、先生に恵まれたので、高一、高二とかの国語で普通にやったんですけど」というのです。

高一では内田樹《たつる》[8]「ことばとは何か」（筑摩《ちくま》書房「精選国語総合現代文編」五六頁《ページ》）を教材に、ソシュールの言語観と構造主義を学び、高二では同じく内田樹による「物語るという欲望」（筑摩書房「精選現代文B」九六頁）を教材に、ロラン・バルトの「作者の死」やテクスト論について勉強したとのことでした。

さらには、高校受験のときも、そういう言葉に関するテーマを扱った文章などを読んでいたと、問題集に出ていた例を出してくれました。

音晴　例えば問題集とかに載ってたりとかして定番なのは、何だっけな。チョウとガの話とか。チョウもガも、フランス語だと同じ「パピヨン」って呼ぶみたいな。

そういうところから、言葉と言葉の一対一の橋渡しにならないみたいな話とか。

そういうテーマって、結構、扱う文章を入試に出すところが多くって。それで入試の国語のテーマ学習とかそういうのを踏まえて、そういうのを通じて、そういういろんな基本的な部分の、言葉に関する論客の基本的な部分をいろいろ学んだとこがあるんですけど。

二つの異なった言語で、原語の単語や語句が、訳出された言語の語句などと「一対一の橋渡しにならない」というのは、翻訳学における「等価」の問題を指しています。

言語が異なれば、訳語は元の言語での意味と同じにはならない、つまり「等価」ではないのです。言語は文化や社会を内包しているので等価にならないのは不可避で、これを突き詰めていくと翻訳そのものが成立しなくなるのですが、実際にはある程度のところで妥協して訳出することになるわけです。この問題も言語の本質に関わることですが、普通はそこまで考えません。音晴くんは高校受験のための問題集からそれを理解したようで、対談の中で何度か「言葉と思考」「一対一」という言葉が出ました。

音晴　本当に言葉をどれだけ紡いでも近づかない感じとか、一旦口から出た言葉が、自分と違う感じに感じられたりとか。そういうすごいもやもやに近いような部分が、ロラン・バルトのテクスト論とか、ソシュールの命名するってことがどうみたいな、そういうのに一つ裏づけじゃないですけど、裏打ちされると、すごく自分の中のものとして一つ対象化できるっていうのかな。

だから本当に、そういうところを中学とか高校で教わってるからこそ、今、自分が行動して、意識的にそういう部分を、ある意味、自分の言葉に対するつき合い方とか自分と言葉の距離感、力学みたいのを、ある意味、対象化して、ちょっと一定の部分で客観視ができてるっていう部分が結構。そこがやっぱり知識とか教養みたいな部分で一つ裏打ちされている部分なのかもしれないなっていうふうに思って。

「言葉をどれだけ紡いでも近づかない」「口から出た言葉が自分と違う」という感覚を、音晴くんは「もやもやした感じ」と表現しました。言語について、そのような「もやもや感」を抱くというのは、言葉に対する感性が鋭いということになります。これは、レイチェル・カーソン（Rachel Carson）[9]の言葉を借りれば、sense of wonder 不思議だと思う心です。カーソンは、自然に触れて「美しいもの、未知なもの、神秘的なものに目をみはる感性」を育てるという文脈で語り、幼児が自然に触れ、一緒にいる大人と驚きを共有する大切さを語りました。言葉についての感性も同じだと私は考えています。

そのような感性は、どのようにして培われるのでしょうか。

それは、母語を獲得していく段階で当人が意識しないで周囲からの影響で養われるので、本人には分からないかもしれません。

ところが音晴くんは、かなり明確に自分と言葉との関係について客観的に分析しました。

音晴　言葉遣いとかそういうのは、もしかしたらちっちゃい頃からかもしれないです。語《ご》彙《い》とかそういうのは、結構、ちっちゃい頃から漢字だったりそういうものに。あんまり文字を読んだり、言葉をちゃんと正しく、まあ、読むレベルで言うと、あんまり困ったことがなくって。何を通じてかは知らないけど、大体、言葉とか年相応の語彙とか、漢字とかそういうのは、なぜか、読書とかいろんなものを通じて結構先まで身についてたかなっていうふしがあるんですけど。

ただ、それとはまた別として、言葉の微妙なニュアンスで伝わり方の違いとか、そういうのを気にするようになったのは、実は、他言語とかにふれたのがきっかけだったりするかもしれないですね。

「他言語にふれたのがきっかけだったかもしれない」と自覚している体験は、音晴くんの場合、海外で暮らした体験でした。

音晴　僕は小学校五年から中二の終わりくらいまでイギリスにいて。それで英語の学校で、ブリティッシュスクールで三年くらいかな。イギリスの都心のロンドンのほうのところにいたんですけど。

ロンドンに渡ったのは小学校五年生で、英語は全くできず、最初は日本人学校に通いました。

音晴　まあ、行った当時は、本当に英語は全然で。本当に、英検で言うと五級くらいのところから始めて、っていう感じでやったんですけど。

一年くらい日本人学校に通っていたときは、本当にそんなに英語を進んで学んでたとかそういうことはあんまりなくって。本当に小学生相応ぐらいの、学習範囲で言うと、それくらいの英語の習得度しかなくって。

小学校六年生になってから、音晴くんは現地ロンドンの学校に通い始めるようになりました。

鳥飼　で、どうでした?

音晴　現地校に入ったときに、本当にSVO、SVCの、本当にそれくらいの英語が書けるか書けないくらいで。三語、四語の英語が書けるか書けないかみたいな感じだったんですけど。
そこから、通ってた学校の校長のご好意で、当時、すごい数学とかいろいろなことに興味が生まれてたので、学びたいことがあったら、言語とかほかの文系科目、歴史とか国語とか、そういう追いついてない部分もきっと学べるようになるからっていうんで、ご好意で籍を置かせてもらって。
実際やってみたら、本当に全然だったのが、自然に伸びていって、っていうふうな感じになるんですけど。

鳥飼　英国に滞在してらっしゃったときは、おうちでは日本語？

音晴　そうですね、うちでは日本語で。

鳥飼　学校に行くと英語で。

音晴　学校行くと英語っていう。

鳥飼　日本に帰ってくる中二あたりでは、現地の中学生が学ぶことは、一緒に英語で学べていた？

音晴　そうですね、大体。いろんな、ほとんどの科目、大体やれてたかなっていう感じ。

音晴くんは、母語である日本語をほぼ獲得したと考えられる年齢で渡英しています。そして家庭では日本語、学校では英語と、二つの言語を行き来する生活を送りました。海外で英語に浸《つか》って暮す子供は、日常会話はすぐに身につくけれど、学校での勉強に必要な学習言語を習得するのは難しい、母語を獲得してから第二言語を習得した方が学習言語の習得は早い、というバイリンガル研究を証明する実例といえます。
ただし、そこにはイギリスの学校で入学を許可した校長先生の言葉が大きく作用していたようです。

音晴　本当にそのイギリスの学校では、よくしていただいてて。今も感謝してるんですけど。さっき言ったみたいに、英語が全然できなくっても、例えば数学とか理科とか、そっちのほうですごい自分で興味があって高度なこともできてるから。そこができたら、きっとやりたいことがあるから、結局、言語の部分とかも自然に伸びてくるし。そういう論理的な部分のものの考え方ができたら、結局、理科とか歴史とか国語とかそういうのも、全部論理的にものを考えて組み立てるっていうところはやっぱ同じだから、そこの技能があるっていうことは、今は全然英語できてなくても、絶対、やれるよって、校長先生がそれを言ってくださって。それで入れてくださったんですけど。

なので、本当に親身に見てくださって。それで実際、それで本当に、全科目英語でやれるくらいまで伸びたので。本当に今でも感謝してるんですけど。それも結構、一つの要因だったのかなとは思うんですけど。

加えて、学校全体が、生徒を伸ばすような教育をしていた様子が感じられます。

音晴　でも、その校長先生だけじゃやっぱりなくって。学校の先生全体。だから、結構、僕が行ってた学校とかだと、本当に評価する土壌というのかな、っていうのに、そういう思想みたいなのが全体にある気がしていて。それは非常に。ある意味、だから国籍も違うし、ルーツも違うし。あんまり英語も堪能じゃないみたいな感じの自分でも、あんまりアウェイ感というのを感じずにやれたというか。という意味では、非常に大きかったかなっていう感じがするんですけど。

音晴くんの説明に「評価する土壌」とありますが、ここでの「評価」とは、成績評価ではなく、人間としての生徒の価値を認める、という意味だと考えられます。

これは、イギリスの学校に共通する土壌なのかもしれません。ロンドンの小学校に通っている日本人の児童たちが、学校で日常的に使われている「ほめことば」をまとめた報告[10]を見たことがありますが、一八種類もの英語表現が挙げられていました。「何か課題を仕上げたらWell done! Good job! Great job!（よくできたね！）」、「すごくよくできたらFantastic!（すごいね！）」、「上手に絵を描けたらExcellent!（素晴らしい！）」、「宿題がよくできたらAmazing!（お見事！）、Keep it up!（その調子で頑張って！）」など、ことあるごとに先生が児童を褒めている様子が伝わります。学校生活の中だけでも、こんなに頻繁に褒められていれば、子どもは自然に「やればできるんだ」という自己効力感を持つようになるのではないか。欧米人が自信満々でいる態度に日本人は気後れしがちですが、小さい頃から褒められて育っているかどうかも影響しているのではないでしょうか。

音晴くんは、「論理的思考ができれば、どの科目も大丈夫だ」と励ましてくれた校長先生の言葉が「確かにその通りだった」ことを実体験し、それが、大きな力となっているようです。海外で過ごしたからといってバイリンガルになれるとは限らず、挫折する場合も稀《まれ》ではない中、逆に自己効力感を得たことになります。

鳥飼　そのイギリスの学校にいらしたことが、今の自分のものの考え方とか、何か影響してるって感じること、あります？

音晴　やっぱりイギリスにいた経験とか。あと、そこからさらに、その感覚がまだ残っているうちに日本の受験に。中三とかは高校受験あるので。そこで、イギリスの感覚とかもタイムリーに手探りでやってたあの時期とか、そこの多分、四〜五年くらいが、やっぱり自分の今のものの考え方とか、すごい形成してるなっていうのは、すごい感覚としてあって。

イギリスで学んだ経験と、帰国してから日本の公立中学に入った経験から生まれたのが、二つの異なる言語についての意識でした。

音晴　日本語にも英語にも、ある程度、違和感というのかな。言語同士、すごい一対一に対応しない感じというのか。

鳥飼　等価にはならないっていう？

音晴　等価にはならないっていう部分を、そこを多分意識してたのが、多分、自分の今の言葉選びにいろいろっていうようなルーツとしては、おっきいんじゃないかなと思うんですけど。

鳥飼　そのときに、違うんだと。一応、訳語はこれってなってても、違うんだっていうことがね。

音晴　そう。言葉それぞれが伝えるものって、絶対、等価にはならなくって。やっぱりわかるってことと、例えば訳せるっていうことは、結構別だよなとか思ったりとか。意味が取れることと、すごい正確に伝わるように訳せることって、すごい難しいなっていうふうに思ったりとか。

鳥飼　それを、中学生くらいのときにわかったわけ!?

音晴　そうですね。だから、特に言葉を選び始めるようになったのは、本当に、それこそ、（日本の）中学に戻って。

そうすると、和文英訳とか英文和訳とかやるじゃないですか。そのときに、ああ、でも結構、言葉選び難しいな、みたいな感じで、いろいろこねくり回してみたりとかっていうのが、多分、ルーツとしては、そういうのがあるのかもしれないですね。

「和文英訳とか英文和訳とかやる」との発言に驚きましたが、文法指導から言語の非等価性に気づいたというのは、むしろ「高校受験の勉強で入試問題や問題集を解いていたとき」だったとのことでした。

公立中学は学習指導要領に準拠して指導するので、一九八九年の改訂以降はコミュニケーション重視に切り替わっているはずなのです。昔ながらの和文英訳や英文和訳は推奨されていません。音晴くんの学校でも「オーラルコミュニケーションが中心で、例文の反復やオーラルテスト、スピーチ原稿の暗唱などを主にやっていました」と説明してくれました。文法指導は、「新たな単元に入った際に教科書に載っている例文や記述をノートにまとめる」という授業が「数週間に一回あった程度」で、その際、「時制など述語動詞で表される英語の表現を、日本語の助動詞などで表される文末表現と安易に照らし合わせるような指導があり、違和感を覚えていた」と記憶していて、「.is を「～は～です」、have＋過去分詞を「～したことがある、〜してしまった」と対応させるなどの例をあげました。

「いろいろこねくり回してみたり」と語っていたのは、「例文のまとめノートを作るといった課題が出されたときに、勝手にいろいろ文体をこねくり回した対訳を作って、ああでもないこうでもないと遊んでいた」ことを指しているそうで、こういう「言葉あそび」も言語的な気づきに「一役買ったかもしれない」と音晴くんは振り返りました。

二〇二〇年度施行の新学習指導要領では、中学校でも英語の授業は英語で行うことが基本となりました。音晴くん流「対訳作りの言葉遊び」などはできなくなりそうで、惜しまれます。日本語を英語に訳してみる。英文を日本語に訳してみるという作業から、中学時代の音晴くんは、言語を知っていても訳せるとは限らないことに気づき、言語が違うと訳したとしても意味が等しくはならず、ズレが出ることを知りました。これは文化的差異を包摂している言語の宿命です。その差異から発生する言語間の「ズレ」の存在を認識することは、またとない外国語教育、異文化コミュニケーション教育になるのです。

さて、音晴くんは、小学校五年生の時にロンドンへ移り、現地の学校に中学二年生まで通い、それから日本に帰国して中学に入り高校受験の準備をします。日本の公立中学では、ロンドンの学校との違いに戸惑ったこともあったようですが、それが逆に高校入学への意欲に火をつけました。

音晴　地元の公立中に三年で編入したんですけど、住んでる近くの。そこかな、やっぱギャップが大きかったたっていう感じが。

その「ギャップ」を音晴くんは、別のところで「すごいもやもやした感じ」「鬱屈」と表現していましたが、個人としての価値を認めてくれていたイギリスの学校から、全体としての調和や規律を重視する日本の学校教育に入って感じた違和感のように思われます。

鳥飼　でもまあ、短期間だから何とか乗り切った？

音晴　まあ、そうですけど。でも、ある意味、そこの通ってた出身中学での経験が、また高校受験の一つの燃料というか。一つ、モチベーションの、ある意味、ちょっとアンチテーゼというのかが、ちょっと一つ、高校受験にすごい燃えてた一つのきっかけでもあったのかなっていう感じなんです。

音晴くんが学習英語力を習得したことは、ロンドンの中学ですべての科目で不自由なく勉強できたことで明白です。それだけでなく、初めて数学オリンピックに参加したのが中学一年、言語学オリンピックに参加したのが中学二年です。化学は高一、物理は高二でオリンピックに参加したのですが、英国滞在中の中学二年で言語学オリンピックに参加したことは、言語についての関心を強く喚起したようです。

音晴　思い返してみると、今、特に興味がある言語学の分野への興味は、比較言語学的なスキルを要求する言語学オリンピックの問題との出会いが大きなきっかけになっていたかなあ、と思います。

「言語学オリンピック」について説明する際に、音晴くんは、「語学でなく言語学」だと念を押しました。ロンドンの中学で学習する必要から英語を学び、そこから進んで「言語を研究する」学問に関心を抱くようになった契機が「言語学オリンピック」だったというのです。

国際言語学オリンピック（International Linguistics Olympiad）[11]は、中等教育課程の生徒を対象とした国際科学オリンピックの一つです。一九六五年にモスクワで始まり、二〇〇三年からは国際大会として毎年開催されており、数学、物理、化学、生物、哲学など、一三ある国際科学オリンピックの一つです。

第一回国際言語学オリンピックはブルガリアで開かれ、参加国は六カ国でした。二〇一九年は韓国で開催され三六カ国から五三チーム、二〇九名が参加しました。二〇二〇年はコロナ感染拡大により中止となり、二〇二一年にラトビアでの開催が予定されています。

英語など特定の言語についての知識を問う大会ではありません。問題は実際の言語研究で行われる分析に似ていて、未知の言語のデータからその言語の仕組み、隠れた法則を解き明かすというものです。問題例を見ると、南米にある五カ国の名前がグルジア語で書かれており、三カ国にはPeruなど英語名が出ています。それを元に二つの国名を類推するというものので、文字を判読できない言語での国名を既知の言語を使って解く課題です。必要になるのは「論理力、根気強い作業、異なる角度から考える意欲」(logical ability, patient work, and willingness to think around corners) とされています。

音晴くんの興味の対象は、英語という一つの言語を超えて、「言語」そのものになりましたが、数学・物理・化学などの科学オリンピックにも出場して関心の対象はさらに広がったようです。

自分のこれまでを振り返って音晴くんは、いろいろなことに興味を持つ機会を偶然に与えられたと感じています。


音晴　僕自身は、結構、興味だけで。あんまり実力伴わないけど、すごいいろんな人たちに、こういうことに興味があるんだったら、いろんなことができるんじゃない、こういう機会もあるよって、お膳立てしてくれたから、今、自分の好きなことを学べてるみたいな意識が強くって。

確かに、勝手にいろんなことを勉強したりはしてたんですけど。でも、すごい興味があることを調べて悦に入ってるみたいな感じの、そういうはまり方で。本当に勝手に化学オリンピックに行くくらいの実力か何か独学で身につけてとか、そういう感じの、すごい実力を伴った感じじゃなくって。だから、本当に興味だけでここまできたみたいな感じの認識だったんですよ。

だからこそ、それの興味を持ってるってことに、面白がったりとか感心して、いろんな機会を与えてくれた人がいたからこそ、本当に。だから、いろんな偶然が重なって、今の自分がやっぱあるなっていう気がしてるので。
例えばイギリスに行ったことだったりとか、今の高校に幸運にも受かって学ばせてもらってることだったりとか。いろんなことに恩があって初めて、すごい今、いろんな学びたいことに、面白いことが学べて、楽しいっていう今の自分がある気がしてるので。

好きな勉強に打ち込む機会を得た自分の幸運を自覚することになったからこそ、音晴くんは、英語民間試験について、自分のような偶然に恵まれなかった子たちが「損するしくみ」「一番割を食う」と感じたようです。

音晴　逆に言えば、民間試験の話とか見てると、そういうささいな偶然に恵まれなかった、でも興味はある、志があるって子たちが損するしくみですよね。ある意味、学校とかで測られる。そういう物差しにしまわれちゃう感じを強いるっていう感じがする。
だから本当に、僕みたいな感じで、一番機会にちょっと恵まれなかったくらいの子が、一番割を食うんじゃないかなっていう気がしてて。

本当に今、そういう偶然が重なっているから、こんなに楽しくやらせてもらってるけど、そうじゃなかったら本当に苦痛だっただろうなっていうのがあるので。それがやっぱりおっきいのかもしれないですね。何で自分が動いたかっていうふうなことを。

「幸運な機会や偶然に恵まれなかった」ことで「損をする」というのは、格差だけの問題というよりは、「学校とかで測られる。そういう物差しにしまわれちゃう感じを強いる」という視点からの問題提起だと思われます。

【クリスくんの場合】

クリス君は、お父さんがアメリカ人、お母さんは日本人という家庭で育ちました。お父さんとは英語で話し、お母さんとは日本語で話すので、家庭内バイリンガルですが、家庭で使う英語は日常会話で限定的だし、「そもそも父親とはそんなに話さない」ので、母語は日本語です。英語については屈折した気持ちがあるようで、それを「コンプレックスがある」と表現しています。

生い立ち

鳥飼　クリスくんは、生まれたのはアメリカ？　日本生まれ？

クリス　日本生まれで日本育ちです。だからちょっと、ハーフなのにあんまり英語しゃべれないみたいなコンプレックスが、ずーっとあって。

鳥飼　じゃあ、おうちでは日本語なの？

クリス　父親とは英語話すんですけど母親とは日本語で。父親と忙しかったりすると全然話さないし。時々話したりするんですけど、ちょっと古い感覚が残ってるから、ちょっとあんまり合わないんですよね。

英語歴

クリスくんのお父さんは、英語の母語話者（ネイティブ・スピーカー）として大学で英語を教えていたのですが、お父さんから英語を教わったことはなく、「幼稚園からずっと日本で教育」を受けてきました。

クリス　僕は父親から英語を教わったことないし。日本の幼稚園、日本の小学校、日本の中学校で、全部。日本の幼稚園が、仏教系のところに行って。で、小、中は地元の公立に通って。

ただし、幼稚園の頃、毎年、夏休みにハワイの小学校に通った経験をしています。

クリス　実は幼稚園の頃に夏休み、三カ月くらいに特別に延ばしてもらって、その間だけはハワイの小学校に飛び級していかしてもらってたんですよ。だから合計で向こうのエレメンタリースクール（小学校）に九カ月はいたんですよ。幼稚園が三回夏あって、その三カ月どれも向こうの小学校行ってたみたいな、そういう何かちょっと変な、そういう経験があって。

で、実は幼稚園の頃はめちゃくちゃ英語しゃべれてたんですよ。もうやっぱり親との会話も英語だし、見てたテレビが大体向こうの教育テレビ。ビデオがいっぱいあったんで、それを家でずっと見て。

鳥飼　あ、ビデオ見てたわけ。ＰＢＳ[12]（Public Broadcasting Service）なんかの？

クリス　あ、そうです。大好きで。で、「ナショナル・ジオグラフィック」とかいろいろあったので見てたりして、結構英語に囲まれてたし、で、どっちかっていうと日本語はしゃべれないくらいの感じだったんですけど。

でもその頃は、聞くのと話すのとしかやってなかったんですよ。読み書きができなかったというか。

鳥飼　幼稚園児だものね。

クリス　だから向こうの小学校で全然難なくやってけたんですけど、日本の小学校に入るじゃないですか。そこで日本語で読み書きして日本語で友達と話してっていうのやり始めると、やっぱり頭に染みつくのが日本語になってしまって。で、そのまますっと英語とはちょっと離れ離れになって、っていう感じで。今までそれがずっとコンプレックスだったんですよ。

小学校のときの「英語活動」[13]ってあるじゃないですか。あれはちょっと発音ができるんで、それなりに楽しくやってたし困りはしなかったんですけど、中学でちゃんと文法とかも含めて教科的にやるじゃないですか。ああいうときに、あれ、自分で、ネイティブとしゃべれないじゃんっていう、気づいてしまって。

で、例文読んだりするじゃないですか。あれはとても発音よくできるんですよ。

それで何か悪目立ちしちゃうし。で、別に何か向こうの人たちと同等に話せるわけでもない。で、同じレベルのものも読めないっていう、ハーフなのに。せっかくそういう環境に囲まれてきたはずなのに、思ってたより自分、英語できないじゃん、っていうことに気づいてしまって。それがずーっとコンプレックスだったんですよ。あれ？　発音しかできないエセ外国人じゃんみたいな。

ここで、「バイリンガル」について少し考えてみたいと思います。日本では母語以外に外国語（特に英語）を流暢《りゅうちょう》に話す人を指すことが多いのですが、二つの言語をいずれも母語のように操るのがバイリンガルだとする狭い見方は現在では否定され、学問的な定義が多角的に議論されています。

バイリンガリズム（bilingualism 二言語使用）には、「等位型」「複合型」「従属型」から「均衡型」「能動型」「受動型」や「付加型」「減算型」などの分類もあります。しかし、これらの分類は、「バイリンガルという複雑な現象をまったく反映しておらず、その多くに科学的な根拠は存在しない」[14]と論述しているのが、言語心理学者のフランソワ・グロジャン（Francois Grosjean）です。

グロジャンの父はフランス人、母はイギリス人で、家庭での言語はフランス語、スイスの学校に入ってから英語を習得したバイリンガルです。「バイリンガリズム」をグロジャンは次のように定義します。[15]

「二言語またはそれ以上の言語や方言を日常生活の中で定期的に使用すること」

「バイリンガル（bilingual）」は、もともと「二つの言語を使う人」という意味ですが、世界の言語使用の現実を踏まえ、グロジャンはあえて三言語かそれ以上を話す「複言語話者（plurilingual）」を含め、言語には「方言」も加えています。

ちなみに多言語主義（multilingualsm）が「社会における多言語の共存」を指すのに対し、複言語主義（plurilingualism）は、「個人の内部で複数の言語が共存すること」を指します。

グロジャンの定義による「バイリンガル」には、言語知識と言語使用の二つの要素を共存させていることも盛り込まれており、そのような「バイリンガル」は、「二つの言語を異なる能力レベルで話す人」「一つの言語では読み書きができるけれど別の言語では話すしかできない人」「ある言語では話す能力、別の言語では書く能力がある人」なども含むと説明しています。

「バイリンガル」は、音晴くんのように「一言語（母語である日本語）で育ち、後から二つ目の言語（英語）を現地で習得した」事例も入りますが、広義には、学校で初めて英語を学んだ日本語話者も含まれますし、「何歳であっても私たちはバイリンガルになれる」「人生のどの時期でも可能なことで、幼少期でも、思春期でも、大人でさえも可能」という学説[16]も増えています。

クリスくんの場合のように、両親がそれぞれ異なる言語を使うことは、専門的には「同時的バイリンガリズム」[17]となります。最近の研究では「二言語が同じ速度で発達するのは稀で」、「子どもの中にある二つの言語体系は分離しているものの相互に依存している」という仮説が有力視されています。さらに、言語習得の同時的バイリンガリズムは、およそ三歳から五歳の間に継続的なバイリンガリズムに移行するのではないかと推定されています。

また、家庭では、親は意識的か否かにかかわらず、いろいろなアプローチで子どもの言語発達に影響を与えます。もっともよく知られているのが「一人に一言語」と呼ばれる方法で、それぞれの親が子どもに異なる言語を話します。クリスくんの両親のように、それぞれの母語を話して子どもに接するやり方です。この方法だと、子どもは、はじめから自然に二言語の知識を受け入れ、これにより同時的バイリンガリズムが発達します。ただし、学校に通い始めると、子どもはもっとも重要な言語だけを使用するようになります。日本の小学校に通っていたクリスくんが日本語を多く使うようになったのは自然だと言えます。

バイリンガルについては、この他にも、仲間と同調したいという子どもの意識、社会の中での当該言語の位置付け、アイデンティティの問題、二言語であることは二文化が子どもの中で共存していることなど、考慮に入れるべき要素が多々あります。短時間のインタビューでは、そこまで追求できませんでしたので、文化についてだけ後述するとして、話題をクリスくんの高校生活に進めます。

高校の英語教育

家庭環境から考えれば日本語と英語の「バイリンガル」になって良いはずなのに、自分は「発音しかできないエセ外国人じゃん」と思ったクリスくんは、「ちょっと結構、それがショックで」、英語教育が充実している高校に入学します。

クリス　それで高校は、国際系の英語しゃべれるところへ行こう、っていって今の高校に、第一志望で入ったんですよ。
で、今、頑張ってるんですけど、思ったよりも伸びてなくて、ちょっとやばい、ってなってます。

英語力について焦りがあるようですが、高校での教育には満足しているようです。

クリス　でも本当に高校の教育もすごい面白くって。ネイティブの先生が英語で全部授業を教えてるっていう理想的な授業なんですけど。
でもそれだけじゃなくて二年からちゃんとイングリッシュ・グラマー（English Grammar 英文法）っていって、日本人の先生がちゃんと日本語で英語の文法を教えるっていうクラスもあって、すごい助かってます。日本の英語システムで育ってきた人間なんで、どっちかっていうとそのイングリッシュ・グラマーの授業のほうが得意なんですよ。それがあるおかげでちゃんと文も書けるし話せるしっていう、その基礎になってる気がして。

日本語が母語で、日本の教育で英語を学んできたクリスくんにとっては、英語の文法を日本人教員が日本語で教えてくれる授業のおかげで、書くこと話すことの基礎が作られたと実感しています。

鳥飼　ネイティブスピーカーの先生が英語で教えるのは英語の授業？　それとも他教科も？

クリス　いや、他教科は違くて、英語だけです。英語はリターラチャー（literature 文学）的なことをやってたりとか。一年のとき、何だったたっけな。"The Call of the Wild"って、今度映画化されるやつを読んでエッセイ書いたりとか、そういったこと。

あと、この前の学期までは演劇してました。台本配られて、それをみんなでやろうみたいな。幅広くやってます。

鳥飼　楽しそうじゃない。

クリス　でも何か点数の取り方のこつが全然つかめなくて。考えるな、感じろ、みたいな感じでやらされちゃうんで。

クリスくんの通っている高校は、国際系だけあって、海外からの帰国生が多いのですが、日本育ちの生徒も入学していて、授業は進度別クラス編成をしています。

クリス　英語のレベルが四つ。英語のクラスとか現代文とかいろんな教科のクラス。理社の教科は基本みんな一緒かな。結構差が出やすい現代文とか英語とか数学も、全部レベル分けされてて。

英語は、プレテストを入学前にやって、その成績で1、2、3、4って上から順に分けられていて。僕は「L3」にいて、下から二番目、上から三番目のクラスなんですけど、そこにもやっぱそれなりに帰国生はいるんで。

僕は今、現代文は「L1」。一番上のクラスなんですけど。英語は三番目みたいな。人によって違うんですよ。だから逆に現代文が「L4」で、英語が「L1」とか、そういういろんな、人によって合った教育をしてるみたいな感じなので。

で、「L1」は完璧に向こうでやってるような授業を平気でやってるみたいな。

で、「L2」もそうかな。「L3」がその中間で。「L4」がちゃんと日本語で育って、英語を本当に第二言語として体系的に学べるようになってるらしくて、TESL（第二言語としての英語教授法）とか取ってる先生がちゃんと教えてくれるみたいな。

進捗状況に個人差が出やすい科目をレベル分けしていて、クリスくんは英語クラスでは、真ん中の「L3」と呼ばれるクラスに割り振られました。レベル的には「合っているはず」なのだけれど「合わない」という感覚に悩んでいるようです。

クリス　で、「L3」が微妙で、英語できるよなみたいな、ちょっとできるよね、みたいな感じで進んじゃってて。僕的にはちょっとそれが合わなかったのかなって。ちゃんと体系的に学べるところだと思ってたら、もう最初から要旨を読まされて、っていうことだったので、ちょっと何か合わなかったなっていうのを今、思ってます。自分のレベルに合ってるはずなんだけれども、合わない、っていう。っていうところでちょっと。

これは、進度別クラス編成の問題、特に英語のクラス分けの難しさを物語っています。外国語学習において、技能によって能力にデコボコがある状態はどの学習者にも見られ、自然なことです。しかも、学習が進むにつれて、各技能の能力は変化しますから、固定的ではなく、変動するという点も重要です。

CEFR（欧州言語共通参照枠）では、七種類に分類した技能それぞれの能力を評価するために能力記述文（Can Do descriptors）による尺度を使います。それは、すべての技能が同じレベルの学習者はいない、という研究結果に基づいてのことです。

クリス　だからレベル分けしてたとしても、一律でやるのは難しいんだなと思いつつ。

鳥飼　そう、難しい。だから、レベル分けは、必ずしも良いかどうか。ちょっと違うと私は思う。

クリス　ヨーロッパのCEFR並に、本当に細いやつがあれば、とても個人に合ったやつが与えられると思うんですけど。

結局、プレテストでやったのは何かすごい英検みたいな問題、英検に似てるような問題だったかな、何か記憶であるんですけど。それをやって、その点数でただ分けられちゃってって感じなので。

対面で面接してちょっと英語話してみるとか、そういうこと全くやってないんですよ。まあ、時間が足りないので、もちろん。

だから、筆記試験だけで、リスニングもあったんですけど、スピーキングは全く測られずに、いきなり筆記だけで、この人英語できるからとか。多分、そういう来歴とか、それも多分、合わせてチェックはされているとは思うんですけれど。それがちょっとな、っていう。

ごめんなさい。何か突然、学校の愚痴を言ってしまって。


クリスくんの場合、発音や日常会話レベルでの英語は問題ないし、高校での学習に熱心に取り組んでいるので、英語力も上がってきているのでしょうが、自分が望んでいるようなレベルの英文を読んだり書いたりする面で、満足していないという感じでしょうか。

クリス　それで英語は多分、ほかの高校と模試で比べたりとかすると、全然偏差値とかはでるし、そこでは困らないんですけど、自分のやりたい英語、自分の向き合う英語ってものと、結構あんまりストラッグル（struggle）できなかったというか。頑張ってみるんだけど、思ったよりできない、っていうずっと挫折を抱えたままんま。

それなりにレベルの高いことやってるから、そういう悩みがあるっていうのは重々承知してるんですけど、そこがどうしてもコンプレックスのまま、高校でもそれを抱えているんで。

鳥飼　多分、相当できるんでしょうけど、クリスくんとしたら英語という言語の全体像をきちんと把握したいというのがあって、だから何となくいろんな材料を与えられて、それをこなすっていうんじゃなくて、英語ってこういう言語なんですよっていう見取り図みたいのがつかめれば、何か自分の中ですっきりするのかな。

クリス　多分そうですね。高一のときは英語のイングリッシュ・ライティング・ワークショップ（English Writing Workshop）ってやつがあって、それの一学期は英文法を全部英語で教えてくれて、レクチャー式だったんで、結構ちゃんと。

「レクチャー式」つまり講義のように、教師が一方的に説明する授業形態は、昨今は良くないとされ、生徒が能動的に学ぶ「アクティブ・ラーニング（active learning）」が推進されています。学習指導要領で「主体的・対話的で深い学び」を繰り返し強調しているのはアクティブ・ラーニングを指しています。ところが、講義を好む高校生はいるようで、クリスくんがその一人です。

クリス　何ていうんだろう、僕、割と英語の授業でも、レクチャー式の方が合ってるというか。正直、（高校の教育は）結構、アクティブ・ラーニング型なんですけど。でも結局、みんな英語はまあできるけど日本語のほうが楽ってことで、みんな日本語で話しちゃうんですよ。あ、結局そうじゃんみたいな。結局、日本語じゃねえか、ってなってしまって。

いや、みんな英語で頑張って話すみたいな雰囲気と、そういう厳格なルールがあったらいいんですけど、先生だけが英語で指示を出して、みんな日本語考えて、それを英語に変えるみたいな。結局違うってなってしまって。

アクティブ・ラーニングの難しさは、生徒たちをグループに分けて自由に話させせるだけでは「学び」にならないことでしょう。事前にどのような準備をさせるか、生徒たちに調べさせることもあるし、場合によっては教師による説明も必要になります。知識がないことには話し合っても内容が薄くなります。グループに分けるタイミング、メンバーの決め方、話し合うテーマの設定など、教師の働きかけは大きく影響します。

クリスくんは、教師志望だけあって、教えることがどれだけ大変かも理解しているようです。

クリス　多分、教える場所とか教える人によってすごく変わってくるので、難しいと思うんですけど。

鳥飼　いや、それはしっかり見ておいて、ご自分が教職に就いたときのために。

[服部くんの場合]

服部くんは愛知県の出身で、東海地方にある私立中高一貫校を卒業し、現役で慶応大学文学部に入学しています。英語が好きというか、英検などを受けるのが好きでした。

英語学習体験

服部　私自身が英検とか取るの好きで、TOEICとか受けてたんですけど。

結構、英語を勉強して、自信をつけたという面がすごいあって、だから言ってみれば成功体験の一つなんですね、受験とか英語っていうのが。

「受験」や「英語」で自信をつけた成功体験というのはどういうことなのでしょう。

服部　私、全然、中高一貫の中では結構落ちこぼれていて、もう、つまらん毎日だなと思っていたんですけれど、あるときちょっと海外研修っていうのをきっかけに、英語できるといいなと思って、すごい勉強して、高校一年のときに英検準一級取ったんですね。

英語学習の動機付けとなった海外研修は、通っていた学校主催の短期留学でした。

鳥飼　短期留学はどのくらいの長さ？
服部　もう二週間とか。
鳥飼　どこですか？
服部　イングランドとスコットランドと。ロンドン近郊の田舎と、あとスコットランドのどこだっけ、エディンバラ。
鳥飼　ロンドンの近郊ってどこですか？
服部　モーブラっていうすごい小さな田舎町なんですけど。
鳥飼　そこの大学で？
服部　カレッジで二週間。中学、高校のときの海外研修っていうイベントに参加した。クラスメイトとか、高校、中学の人と一緒に。
鳥飼　そこでは、いわゆるＥＳＬ（English as a Second Language）みたいな、第二言語としての英語を学んだわけですね？
服部　はい。

英語学習への意欲が喚起された服部くんは、高校一年生の時に英検準一級を取得しました。高校卒業時に英検準二級を取得している割合が半数以下なのに、高校一年生で準一級を取得したというのは、文部科学省の目標をはるかに上回る、驚くべき成果です。

鳥飼　高一で英検の準一級取ったって、その前にものすごく勉強した？　例えばどういう勉強なさった？

服部　例えば中学三年のときに、もう、ちょっと全然だめだなと思ったので、例えば形容詞とは何かとか、そういうところから、本当に一から始めたんですよね。

鳥飼　それは、文法書を読んだり？

服部　文法書を読むとか、例えばネットで授業を見るとか。今いっぱいありますから、動画で授業とか。そういうのを見るだとか。最近、安く授業を見れるって、今あるのでね。

鳥飼　でも、勉強の内容もいろいろありますよね。会話の定型表現を教えるものから、文法を解説するものから、発音だとかいろいろある中で、一番力を入れたのはどの部分ですか。

服部　一番ベーシックになるのが、やっぱ文法だと思うので。例えばthat節とは何かとか、形容詞節と名詞節はどう違うのかとか。そういうことを地道につぶしていくのが、結局、もう英語を読むとか、全部そうだと思うんですけど。
　私も英語できればいいやと思って、深く考えずにいたので。結果として日本の大学受験って、英語ができれば何とかなるように設計されているじゃないですか。

鳥飼　その、英語ができれば何とかなる、というふうに思うようになったのは、なぜ？　いつ頃？

服部　たまたま、現金な話になっちゃうんですけれど、私が中学三年のときに、『ビリギャル』って映画がはやったんですね。

『ビリギャル』は、塾講師の坪田信貴による『学年ビリのギャルが1年で偏差値を40上げて慶應大学に現役合格した話』を映画化したもの。土井裕泰《やすひろ》監督、有村架純《かすみ》・伊藤淳史《あつし》主演で二〇一五年公開。原作は、累計発行部数一〇〇万部超、二〇一四年の年間ベストセラーランキング総合四位となった実話です。

服部　その映画がすごいはやって。そういうところで、落ちこぼれでも英語やればいいんだな、みたいなことを単純に思ったので。だし、大学受験は英語が大事だ、みたいなことをみんなが言うので、じゃあ英語だけでもやっとこうかなと思って。やっているうちに、だんだん英語っていう言語に興味が向いていったっていうかたち。

「受験勉強なんかがあるから英語ができなくなる」とは多くの人たちが口にする常套句《じょうとうく》ですが、服部くんはむしろ受験英語を通して英語が好きになった。それも「文法なんかやっても英語ができるようにならない」という数多《あまた》の日本人の主張を覆すように、むしろ文法を攻略することで英語ができるようになり、好きになりました。

鳥飼　好きな科目というと、やっぱり英語なんですか？
服部　英語ですね。英語ってやっぱり、一番身近にできる異文化体験だと思うので。

英語を学ぶことが「異文化体験」になるのは、その通りです。異質な言語と出会うことは、言語に潜む異質な文化に触れることになります。だから外国語学習そのものが「異文化体験」になると考えられます。服部くんが最初に英語に興味を抱いたきっかけが英国での語学研修だったので、その体験をふまえて英語は「身近にできる異文化体験」と感じたのかもしれません。短期の語学研修の効果に私はやや懐疑的でしたが、二週間であっても海外研修に意義はあるということになります。

服部くんは、分析的に批判的にものごとを考えます。これからの時代に必要とされる多様な角度から論理的・客観的・理性的に考える「批判的思考（critical thinking）」能力が高い。これがどのようにして養われたのか探ってみると、ディベートでした。

服部　高校一年のときから、友達に誘われて英語ディベートっていうのを始めたんですよ。そこでいろいろ、現状分析をして、問題は何か、みたいなことを考えるストラテジーっていうのを勉強したので、それを応用としたって言ったらちょっと大げさですけれど。日頃から何かしらニュースを、移民の話とか考えてみたりとかはしてたんで、そういう感じで。

ディベートに誘ってくれた友達は、他にもいろいろ誘ってくれて、おかげで充実した高校生活になりました。

服部　友達がすごい優秀な人なので、いろんな、例えば学園祭一緒にやらない？　とかいうふうなことを誘われて、そこからやっと私も高校生活楽しくなったっていう経験があるんです。

英語番組について

鳥飼　英語を勉強しようとするときに、例えばＮＨＫのラジオ講座とか、テレビ英語講座を見ようっていう気にはならなかった？

服部　あんまり。今どきラジオ講座を選ぶ理由がないので、もうこれで（とスマホを手に取り）何でも見れちゃうわけですから。

英語が好きなのに、ＮＨＫのラジオやテレビ英語講座で、テキストを買って勉強するということはしないのでしょうか。

服部　私も、ちょっとテキスト買ってみた時期はあったんですけど。でも買って、ちょっと見て、わーつまんないと思ってやめました。五〇〇円で買ってこれでやるなら、ＢＢＣでただで見れるじゃんと思って。だし、やっぱＢＢＣのほうが、本場の、例えばBBC Learning Englishとかだと、Ｂ１、Ａ２くらいの内容の学習者向けのコンテンツを提供してるんですよね。それを見て、英語かっこいいなって思うとか。

鳥飼　見ていたのは、いつ頃?

服部　中三とか高一のときくらいに。

鳥飼　そんなに早く。

服部　見て、英検準一級を取ったのが高校一年生のときなので。

鳥飼　あ、それで英検準一級を取れたのか。だけどＢＢＣだと、説明も全部英語でしょ?

服部　学習者向けの易しいのがあるんですよ。この動画ではこの単語を扱います、みたいな。最近あったニュースだとか、世間の出来事っていうのを、易しい英語で。

鳥飼　だから、英語の勉強方法も変わってきてるわけよね。

服部　変わってますね。もう今、あらゆる情報にただでアクセスできる世の中になっているので、お金を出してテキストを買うとかいうのがちょっと。

ＮＨＫで二〇〇九年から九年間続いた「ニュースで英会話」は、ウエブと連動しているので、番組開始時はテキストなしでしたが、視聴者からの強い要望で番組放送後にムックとしてＮＨＫ出版が販売するようになりました。

その後、若者向けに改変した後継番組「世界へ発信！ＳＮＳ英語術」[18]にテキストはありませんでした。それならどうか、聞いてみました。

服部　見ないです。絶対に見ないと思います。

鳥飼　じゃあ今の若者が、五〇歳過ぎたら見る？

服部　見ないですね。あと三〇年後、見るかっていうと、見ないと思う。もう世の中変わってるから。

テレビ英語講座について辛辣な感想を述べた服部くんは、日本社会全体についても厳しい見方をしました。

服部　いろいろなことを聞くにつけ、こう言ったらちょっとあれですけど、あまりにもいろんなことの質が落ちてると思うんですよね。
　それに危機感を私が抱くようになったので、これを何とかしたいというふうに私、今、思ってますね。

「あまりにもいろんなことの質が落ちてると思う」「それに危機感を抱くようになった」と服部くんは語り、いくつか例をあげました。高校入試の内申書制度がその一つでした。

服部　高校入試で内申制度っていうのがあるんですよ。それで中学のときに、とにかく先生の言うことを聞くと。で、例えば、毎回、私の友達がいつも愚痴ってたんですけど、すごい優秀な友達がいるんですよ。で、もう中学のテストは毎回九〇点以上。でも板書（をノートに書き写すこと）はしないし宿題も出さない。そういう子は、五段階中の三とかをつけられちゃうんですよね。でも先生に気に入られた子は、もうテストは毎回六〇点くらいだと。でも板書（を写したノート）はきれいだし、宿題はちゃんとやると。で、部活はちゃんとやる。で、委員長をやるとか。そういうことをやると五がもらえて、それなりの高校にいけるみたいな。

服部くん自身は中高一貫校に通っており、「言ってみれば何でもありの中学」で自由に過ごしたので、そのような実態を「肌感覚としてはわからない」と認めながら、「そうやって支配ができあがっていく」ことに強い問題意識を持ち、自分が目撃した中学生の様子を語りました。

服部　私が一番びっくりしたのは、私、愛知県犬山市、お城があるところ出身なんですけれど、坂がいっぱい、山がいっぱいあるところなんですね。でも、地元の中学の人が、資源回収を手伝わされるんですよ。で、もう見てると、自転車のかごに新聞とか段ボールをいっぱい載せて、坂をこう上がってるんですね。で、それをしないと内申に不利になるんですよ。そんなの、ＰＴＡがトラック借りてきてやれば一瞬で終わることなのに。でも中学生を使って、もう本当にふらふら。こけて頭打ったらどうすんのって思うんですけど。段ボールをいっぱい載せて、やるんですよ、何キロも。

そうやって支配、被支配の構造を作っていく、と服部くんは見透かします。自分の通った中学高校にはそのようなことが全くないにもかかわらず、他の生徒たちの自分に対する態度から、上からの指示に従うのは当然で、反対する方が異端だ、という価値観が刷り込まれていることも鋭敏に感じ取ります。

服部　で、私なんか同級生からすごい嫌われてるんですよ。あいつはもう政府に盾突いたやべえやつだって思われちゃってるんですよ。
そういう、資源回収とかを本当にやってきた人から見たら、私なんて反乱分子ですよ。もう、第二次世界大戦中の共産党みたいなふうに思われてるんですよ、私って。思われるんですよ。
本当にそういう、私、高校入試の内申制度は一番のガンだと思っていて、これを何とかしない限り、日本の再生はあり得ないと思ってるんです。

それまでは、インタビューの質問に簡潔に答えることが多かった服部くんは、ここで突然、インタビュアーである筆者に質問してきました。

服部　どう思われました？　資源回収をやらされているエピソード。

鳥飼　本当に、そんなことをやってるんだ、っていう感じですよね。だけど、それって、さらに気が重くなるんですけど、今のは高校入試の話でしょ？　それを大学入試でやろうとしてますよね。

服部　そうなんですよ。で、ｅ－ポートフォリオです。

ｅ－ポートフォリオ（e-Portfolio）は、生徒の学びをデータとして保存し評価に使うものです。文科省によれば、ジャパンｅ－ポートフォリオの構築により学習指導要領にある「学力の三要素」のうちとりわけ「主体性を持って多様な人々と協働して学ぶ態度」を適切に評価し多面的・総合的評価の実現に貢献することを目指すとされます。[19]具体的には、生徒の「主体性等に関わる諸活動」を「ジャパンｅ－ポートフォリオ」に記録しておき、大学入学者選抜において活用するというものです。「主体性を育てる」という名のもとに、「主体性」という明確に評価しがたい資質を大学入試の判定に使おうとすることになり、例えば「ボランティア活動」が対象となりますが、「ボランティア」は、英語でvolunteer。名詞なら「無料奉仕者」、動詞では「自ら進んで自発的に、見返りを求めず行う」を含意するので、大学入試でそれが評価されるとなった途端に、それはボランティアではなくなります。

「主体性」が、本当に日本社会の求めるものなのかについて、クリスくんは懐疑的です。

クリス　絶対だめだって思うのが、すごいアクティブながき大将みたいな、そういう人たち。

　あんまりこういう言い方はよくないですけど、カーストってあるじゃないですか。

　スクールカースト[20]の中の上位の人たちが学級委員やったりとか、そういう活動できるんですけど、そこら辺の人たちが、やっぱり声を挙げられないし、話し合いのときにも意見言えないとか、実際にそういうことになっちゃってるのが結構多いので。

　実際に主体性評価を本当にやるんであれば、点数取れるの、そういう人たちだけになっちゃうし。これをしようって、主体性評価的な点数のことを考えてやる人もいれば、自分のやりたいことだからっていって自分からそういう活動する人もいるじゃないすか。で、そういう純粋に主体的に動いてる人たちに向けて、あいつ点取り虫だっていうような、足の引っ張り合いを言われちゃうんだろうなってのはあって。結局そこの、かたちだけのシステムを変えても中身変わんないし、絶対合ってないんすよ。

学校という場で生徒たちの間に序列があり、主体的に動きたくても動けない生徒もいれば、主体的に行動することを点取り虫だと思われて仲間外れになることもある。そのような実態の中で主体性を評価することなどできるのか、という問いかけです。

このe－ポートフォリオは、高校だけでなく、小学校、中学校から記録する可能性があると、服部くんは危惧しています。

服部　言ってみれば、例えば小学生のとき万引きしちゃったとか、あるわけじゃないですか、そういうことって。いじめちゃったとか。それはもちろん発達段階で、そういう時期も絶対にあるじゃないですか、人間って。

で、そういうことが（データに）残っちゃってるんですよ。例えば、おまえはもうナントカ大学にはいけないんだと、国立いけないんだ、みたいなことが、もうすぐそこにあるわけじゃないですか。例えば中学のときに、ちょっとけんかで人の骨、折っちゃったとか、そういうこともあるわけですよ。でも、そういうことをやったらもうはじかれちゃって、国立大学にいけないって。ひどい世の中ですよ、本当に。

ｅ－ポートフォリオで、生徒や学生に関する情報が全てデータとして記録されることが、入試だけでなく就職にまで使われることも不安材料です。

服部　今、「キャリアパスポート」って、就職まで提供するって始まったりとか。もうめちゃくちゃですよ。

どっかで道はずすことだってありますよ、絶対。失敗なんぼっていう。そんなことだって、一度や二度あるわけですよ。

服部くんは、今の若者が「自分のことで手いっぱいなんです」と語ります。何もかも記録され監視され、評価される息苦しさだけではありません。

貸与奨学金が多い日本の制度では、大学や大学院を卒業したら借りていた奨学金を返済しなければならず、莫大《ばくだい》な借金を抱えて社会に出ることから、奨学金についての不安も大きい。加えて、正社員になれない、契約社員の雇い止めや派遣切りなど、「就職がとにかく心配なんです」とも慨嘆しました。新型コロナ禍で経済が打撃を受けているので、その心配はさらに深まります。

結論として服部くんは、日本社会が限界にきていると痛感しています。

服部　だからもう、いろんなところに限界がきてるんですよね。

服部くんは、地域格差についても語りました。

鳥飼　話が変わりますけど、高校生で大学入試改革反対の署名運動をして文科省に出したグループがいたじゃないですか。あの人たちとは会ったことあるんですか？

服部　この人たちは、会ったことないんですよ。ただ、彼らももう、こういう言い方したら何ですけど、東京だからこそできることなんですよね。なかなか私、名古屋にいて、やろうとは思わないですね。国会に行けたり、政党の本部があるじゃないですか。だからできることであって、正直、私が名古屋にいたら、あれやらなかったというか、やれないですから。雰囲気ではないですし、遠すぎるっていうか。政治家と会えるっていう発想もなかったですし。

　私も東京に来て、政治家って会えるんだって。本当に会ってくれますよね、彼ら、気軽に。なかなかでも、そういうわけにもいかないので、名古屋とかに住んでいると。名古屋ですらそうなんですから。

鳥飼　でも、東京にいても、政治家に会おうと思う高校生、大学生はいないですよね。

服部　いないですけど、思うという発想に至る可能性があるのは、東京だけなんですよ。だし、例えば私、実は大阪大学に合格してて、迷ったんですよ、進学どっちにするか。で、すごい迷ったんですけど、結局、慶應にしたんですよね。やっぱり東京に行ったほうがいいかなって。

　大阪にいてできたかっていうと、無理ですね。ここでも地域格差がありますよね。

政治家に会おうと思えばどこに住んでいてもできるはずですが、「会って反対を訴える」という発想をする可能性を秘めているのは、東京だけだ、これは同じ大都会であっても、大阪でも名古屋でも、そのような発想が生まれにくい、それも「地域格差」だというのです。

ならば東京にいれば、正しくないと感じたことを自由に主張したり行動に移したりできるのか。東京には日本各地からの人々が集まっているので、ある意味で日本の縮図のようなところがあります。むろん、住んでいる人の数が多いので、地方に比べて周囲との距離が遠く、隣に住んでいる人が何をしているかも知らず無関心、という冷たさと気楽さはあります。ただし、それぞれの属する小さな共同体、例えば学校、になると、日本社会が歴然と存在していると感じられます。「和」を尊重し、その調和を乱すことを是としない集団主義の存在とでも言えるでしょうか。

和を乱すことを嫌うから「同調圧力」が強まります。集団の意思、つまりは上からの指示や命令に従っていれば安全ですが、異を唱えると、和を乱すことになって異端視され、嫌われ、排除される。これは日常生活や学校生活の小さな事柄にも見られます。

この点を、服部くんは「私なんか同級生からすごい嫌われてるんですよ。あいつはもう政府に盾突いたやべえやつだって思われちゃってるんですよ」と語り、音晴くんは、イギリスから帰国して日本の公立中学で感じた違和感を「鬱屈」と形容しました。クリスくんは、目立ってしまう自分を「悪目立ち」と自嘲し、「出る杭《くい》は打たれる」と表現しました。

鳥飼　「出る杭は打たれる文化」っていうふうに思ったのはどういうところから？

クリス　やっぱり中学とかの抑圧的な経験。

例えば生徒会の選挙に立候補したってだけでみんなから、ちやほやはされるんですよ。高校生になってメディアに取り上げられたときと同じように。だけどそういうときに、あいつ目立ちやがってみたいな後ろ指を指されるってこととかも絶対あったし。直接は言われないんですよ。だけど裏で絶対言われてるんだろうなとか思うこともあったりとか。

クリスくんは、小学生の頃から、目立つと嫌な目にあう、という経験をしたようです。

クリス　あと小学校のときはもっとひどくて。やっぱり結構太ってて、今もかもわからないけど、結構太ってて。で、いじめられやすいというか目立ちやすい。体も大きかったし背も高めだったんですよ。それで小学校のときにいろいろ授業とか、そう、授業とかでも本当に顕著にそういうのがあって。
「わかる人、手挙げて」って、「はい」って答えたりしてると、結構目立っちゃって。あいつ先生にこびてやがるみたいなこととか。いろんな生活の、どの側面においても、そういうのが、何か集団になるとそういうのが生まれちゃってるのは本当に嫌で。

「今考えたらくだらないことなんだなと思うんですけど」と付け加えた後、クリスくんは自分の見聞きした例も紹介しました。

クリス　これはでも結構、深刻な問題だなと思ったのが、給食のときあるじゃないすか、学校給食。あれのときに、食いしん坊の男子たちはおかわりしに行く。配膳のとこ行って自分たちで取りに行く。
　でも女子は周りの目を気にしておかわりできないみたいなことを班員から聞いて。めっちゃおなかすいたみたいなことを食べ終わってから言ってる女子がいて、え、おかわりしないの？　みたいなこと聞いたら、いや、でもちょっと目立っちゃうし、いいや我慢しようみたいなことを言って。もったいないと思って。みんな払ってるお金同じだし、食べる権利、権利というか当たり前に主張していいっていう意識が全然ないので。
あと、義務を果たしてないと権利が行使できないみたいな雰囲気も嫌で。宿題やってなかったからおかわりしちゃだめだとか。

宿題をしないと、罰として給食のおかわりを許可しないなど、学校で科される、義務と権利のあり方についても、クリスくんは疑問を呈します。

クリス　先生がペナルティで科してたのが、「くるぶしソックス」。くるぶしが出てる靴下は校則的にだめだったんですよ。理由もよくわかってないんすけど。
中学のときにそれがあって、で、よくおかわりしてる男子がくるぶしソックスいつも履いてきてたんですけど、そいつだけに、「おまえ今日くるぶしソックスだから今日、給食おかわりしちゃだめだぞ」みたいなことを先生が言ってたりとか。え、くだらないとか思いつつ。だから義務を果たしてるからこそ権利が行使できるみたいな論調もあったりして、やっぱ、これはおかしいぞ。

おまえはここがこうおかしいから私はこう主張してるんだ、ってことを言いだすときにも、自分の悪いところもあったりもするじゃないですか。で、そういうときに、あいつはあれもできないくせにとか、そういう足の引っ張り合いが生まれちゃう。

僕だって柴山《しばやま》さん批判してるときに、英語全然できねえって泣きながら勉強してましたから。だからそういうところがあっても、当たり前に言うべきところは言うべきだし、それはお互いに承認してれば、お互い悪いところは直し合えるって、すごい相互的にいい関係築けるはずじゃないすか。それは一対一であっても、個と集団であっても。そういうところがいろいろずれてる。

実際に中学の頃から割と変人に見られがちというか、周りからずれてるって言われがちだったんですけど、何て言えばいいのかな、そこがやっぱりあって、ああ、出る杭は打たれるんだなってのは。

クリスくんは、中学では「変人」「ずれてる」と言われてきましたが、そのように排除されるのはおかしいと高校に入って気づき、友達とも問題意識を共有し、「変えられるとこは変えてこう」と考え直すに至ります。

クリスくんが期せずして言及した「個と集団」は、異文化コミュニケーション学の重要テーマです。これまでも、世界の文化を「集団主義」と「個人主義」に分類した研究はありましたが、どうやって測定し比較するのか研究方法が難しく、一筋縄ではいきません。

日本人は集団主義と言われるけれど、個人主義的な人もいるので、一概には言えないのも事実です。「集団主義」とは何か、「個人主義」とは何か、定義を明確にしない限り、論じられません。

それでも、やはり日本は「個」の概念よりは家族や組織などの集団が優先される事例が多いですし、同調圧力の強さは若い世代にもあります。

日本語を母語としながら英語も家庭内で使い、二つの言語で育ったクリスくんの中には、二つの異なる文化が共存しているはずです。もっとも「バイリンガル」（二言語共存）以上に「バイカルチュラル」（二文化共存）の内実は複雑です。「文化」の定義だけでも、古今東西にわたり数え切れないほどあります。言語と社会・文化との関係の究明は容易ではありません。

共通理解として認められているのは、「価値観や信条、行動規範や規則」など目に見えない「隠れた文化」の存在がコミュニケーションに深く関わっていることでしょう。従って、「バイカルチュラル」が何であるかも、「二つの文化の側面をさまざまな度合いで組み合わせ、統合している」[21]くらいにしかまとめられません。

クリスくんの場合、二言語併用家庭で育ったことに加え、幼稚園児の頃にハワイで過ごした時期があり、高校でのカナダ訪問など英語圏文化との接触により、独自の文化能力を培っているはずです。日本社会の文化に第二の文化が加わり、新たな「第三の文化」を自分の中につくりあげているかもしれません。そして、そのような独特な視点から、日本の文化と社会を複眼的に省察するようになったのかもしれません。

新しい学習指導要領（二〇二〇年四月から施行）が目指しているのは、「主体性」であり、「思考力・判断力・表現力」です。これは誰も反論できないほど、立派な理想です。しかし課題が二点あると私は考えています。

一つは、このいずれも抽象的な概念であり、これ自体を成績評価の対象にはできません。教師の目に見えるような「主体性」を測ろうとすれば、ボランティア活動をしたなどの目に見える成果を見せなければならず、その成果を得るためにボランティア活動をすることになると、それは主体性とは無縁のものであり、結果として主体性は育たない、という矛盾が起きます。

「思考力・判断力・表現力」も同様です。生徒が「考えている」かどうか、どうやって測るのか。「判断力」があると誰がどう判断するのか。結局は、「表現力」という目に見える（と感じられる）要素で推し量るだけになり、元気よくしゃべる生徒が評価され、黙って考え込んでいる生徒は評価されないことになりかねません。

もう一つの課題は、日本社会に暗黙ながら厳然と存在する「集団の調和」との矛盾という か葛藤です。

グローバル人材育成のために「主体的に思考して判断し、それを表現」する人間が育ったとして、日本社会はそのような人間を受け入れるのでしょうか。そのような人間が、自分なりに考えた結果、集団としての日本社会が良しとすることを、これはおかしいと判断し、それを正面切って表現した場合、社会はどう反応するでしょうか。その異端を排除しないでしょうか。そもそも、これまでの日本の価値観を覆すような人間が育つ可能性を覚悟しているのでしょうか。

「主体性」「思考力・判断力・表現力」は、不確定な時代を生きていく上で確かに必要です。それを目標として学校教育で育成することが可能なのか、成績評価の対象とすることが妥当なのかは別として、これからの日本を考えれば、その方向性は間違っていないでしょう。大人たちは、そのような若い世代を大切に育む責任があります。
「英語民間試験導入」に反対した三人の若者は、見事なほど、この目標を体現していました。自ら考え、判断し、声を上げる、このような若者たちが排除されることのない社会であることを願います。そして、これまでの日本社会のありかたに一石を投じる若い世代に社会が耳を傾け、日本社会が多様な価値観を許容する方向に変貌していくことを心から期待します。

1　内田伸子（二〇一四）『子育てに「もう遅い」はありません』（冨山房インターナショナル）
2　小石川真美（二〇一二）『親という名の暴力：境界性人格障害を生きた女性医師の記録』（高文研）
3　朝日新聞「高橋源一郎の歩かないで、考える」二〇二〇年五月一五日（金）、オピニオン＆フォーラム

4　エリーズ・ボールディング（一九八八）『子どもが孤独《ひとり》でいる時間《とき》』（松岡亮子訳、こぐま社）

5　鳥飼玖美子（二〇一八）『子どもの英語にどう向き合うか』（NHK出版新書）

6　フェルディナン・ド・ソシュール（Ferdinand de Saussure、一八五七年―一九一三年）はスイスの言語学者、言語哲学者。「シニフェ」「シニフィアン」「ラング」「パロール」など言語を理解する上で鍵となる概念を提示し，「近代言語学の父」「構造主義の父」として知られています。

7　ロラン・バルト（Roland Barthes、一九一五年―一九八〇年）は、フランスの哲学者、批評家。「テクスト」「エクリチュール」など新たな意味を有する言葉を生み出し多方面に影響を与えています。

8　内田樹は、思想家、翻訳家であり武道家。専門はフランス現代思想、比較文化論。教育論、映画論。神戸女学院大学名誉教授。

9　Rachel Carson（1907-1964）: アメリカ内務省魚類野生生物局で研究に従事した生物学者。一九六二年 *Silent Spring*（『沈黙の春』）で環境問題を告発。*The Sense of Wonder* は、幼児と親に対して遺した言葉をまとめたもの。

10　鳥飼玖美子・斎藤孝（二〇二〇）『英語コンプレックス粉砕宣言』（中公新書ラクレ）二一四―二一六頁

11　International Linguistics Olympiad IOL　official website https://www.ioling.org（2020.5.18検索）

12　Public Broadcasting Service（公共放送サービス）は、アメリカ合衆国の非営利・公共放送ネットワーク。PBS KIDSで子供向け番組も提供。

13　「学習指導要領」での正式名称は「外国語活動（英語）」だが、実質的には英語で行う活動。二〇一九年度までは、小学校五、六年生対象だったが、二〇二〇年度施行の新学習指導要領で、五、六年生の「英語」が教科となるに伴い、「英語活動」は三、四年生が履修することとなった。

14　フランソワ・グロジャン、西山教行（監訳）（二〇一八）『バイリンガルの世界へようこそ：複数の言語を話すということ』（勁草《けいそう》書房）一四三―一四七頁

15　前掲書四―五頁

16　前掲書七五頁、一〇九頁

17　前掲書七五―一一八頁

18　二〇一八年四月から二〇二〇年三月まで放送

19　文部科学省「大学入学者選抜改革推進委託事業　高大接続ポータルサイトJAPAN e-Portfolio」https://www.mext.go.jp/b_menu/shingi/chousa/shotou/143/shiryo/__icsFiles/afieldfile/2019/02/20/1413594_001.pdf　（2020.5.21検索）

20　学校内における生徒間の人気を表す序列のこと。学園ヒエラルキー。学校において、生徒の間で自然発生する人気の度合いを表す序列を、カースト制度のような身分制度になぞらえたもの。

21　グロジャン（二〇一八）一五八―一八〇頁

終章　大学入試はどうあるべきなのか

大学入試のあり方に関する検討会議

大学入試改革は、戦いすんで日が暮れて、では終わりません。英語民間試験導入が延期となり記述式問題導入が見送りになっても、未解決の問題が残っているので、朝日が昇るまで闘いは続きます。そもそも「大学入試はどうあるべきか」という本質的な問題が解決されたわけではありません。日本学術会議は、そのための「提言」を二年近くかけて準備し、「大学入学共通テストへの民間試験導入の見直し――英語教育のあるべき姿に向けて」を公表予定です。[1]

終章では、文科省「大学入試のあり方に関する検討会議」を軸に、その後を伝え、今後を考える参考にします。[2]会議は、二〇二〇年一月一五日に初回が開催され、新型コロナ感染症に日本が襲われている間も開催を続けています。

委員会構成[3]がどうなるかによって今後の行く末が予測できるため、委員名簿が公表された途端にツイッターでは、各委員が「大学入試改革」推進派か反対派かを、過去の発言に基づいて分類した一覧が出回ったほどでした。

第一回会議（一月一五日開催）

傍聴者が多かった初回、ツイッターで「賛成か反対かの立場は不明」とされていた両角《もろずみ》亜希子・東大准教授が、「これまでの経緯の徹底的な検証をしっかりするべき」と発言。会議の趣旨には「今般の一連の経緯を踏まえ」とあるのに、検討事項の中に「なぜこれほどの大混乱に至ってしまったのか」の検証を行うことが書かれていない点に疑問を呈しました。「何年も前から専門家の方々がいろんな問題を指摘し続けたにもかかわらず、そういった意見が反映されることがなく、土壇場になって」見送られたと指摘し、「それが一番最初の検討事項ではないか」、それをしないと「また同じ失敗を繰り返すのではないか」と徹底した検証を求めました。

それに対し、吉田晋《すすむ》・富士見ケ丘学園理事長は、「先ほど英語四技能試験、それから記述式も全部白紙に戻してということでしたが、我々が今まで何年間も費やさせられたこと、それから内閣というか、政府が決めてくれたこと、それは一体どこに戻すのか、そこをゼロにするのか」と反発しました。吉田氏は、下村博文《はくぶん》・文部科学大臣（当時）の任命により第七期中央教育審議会の委員に二〇一三年二月一五日付で就任し大学入試改革に関わっていました。二〇一九年九月一九日には私立中高連会長として「共通テスト英語検定を予定通りに」とする要望書を文科大臣に提出しています。同年十一月五日には、衆議院文部科学委員会に参考人として招致され、英語民間試験導入を推進すべきとの意見を述べました。

第二回会議（二月七日開催）

初回会議での委員からの要請に応え、第二回では塩崎正晴・文科省大臣官房政策課長から、「二〇一二年八月中教審への諮問以降の会議議事録、報告等に基づいて事実関係を整理した」資料が配布され、「中教審答申が二〇一四年一二月に出されて以降、その提言に沿って各種会議が開かれることになった」と説明がありました。

「英語四技能」の議論については、「グローバル人材育成会議における議論の流れを汲《く》みつつ、中教審の答申を受けて、その後、大学入試における外部試験の活用方策等について複数の会議のもとで議論が進められていくという形になった」と全体のプロセスをまとめました。

教育学者の末冨芳委員は、二〇一六年三月三一日「高大接続システム会議最終報告」から二〇一六年八月三日文科省「高大接続改革の進捗状況について」発表までの五カ月間に、英語民間試験に対する姿勢が積極的な流れに変わった、と指摘しました。

これに対して塩崎政策課長は、「連絡会議」[4]や「準備グループ」[5]の検討をあげましたが、「連絡会議」が「英語力評価及び入学選抜における英語の資格・検定試験の活用促進に関する連絡協議会」のことだとすれば、会議は二〇一四年に開催されているので、「二〇一六年の五カ月間」には該当しません。

他方、「大学入学希望者学力評価テスト検討・準備グループ」（準備グループ）会議は、二〇一六年四月二八日に設置されています。「高大接続システム改革会議最終報告」で示された「大学入学希望者学力評価テスト（仮称）」を達成するための制度設計が目的です。委員は九〜一一名。非公開ですので、「議事概要（要旨）」のみが公表されています。第一回は二〇一六年五月一九日、第一三回（二〇一八年七月二五日）から、会議名を「大学入学共通テスト検討・準備グループ」に改称しました。

教育行政学の立場から末冨芳《かおり》委員は、文科省内の「会議と会議の間の意思決定をどのように埋め、かつ判断されていかれたのか」と問い、「意思決定の権限の錯綜あるいは不透明性」を指摘した上で、「権限体系の検証」も併せて行うことを提案しました。

末冨委員は加えて、「学習指導要領と英語民間試験が対応している」という判断はどのようにしてなされたのかを質問しました。それに対する塩崎・政策課長の答えは、「視学官等を始め専門家が実際にその団体と意見交換をして、指導要領の整合性がとれているのかどうかというのを判断されたという形で記録が残っているというものでございます」と答えました。「団体と意見交換」して判断した側と「団体」との関係性については、抗議運動の過程で問題視されました。

末冨委員はさらに、この検討会議が「一年でいいのでしょうか」という疑問も投げかけています。

渡部良典《よしのり》委員（上智大学教授）は、テスト研究の立場から「四技能の試験をするということと、民間試験を使うということはイコールではありません」と釘《くぎ》を刺し、「区別して判断すべき」と断じました。

また、学習者が学んだ成果を測る「到達度テスト」と、将来を見据えた「熟達度テスト」は区別するのが妥当であるのに、民間試験のリストでは一緒になっていると指摘しました。

さらに、海外の実証研究を調べた形跡がないことを突き、韓国では四技能試験を試みて頓挫《とんざ》したこと、中国での入試改革ではスピーキングを入れていないなどの事例を紹介しました。

経済界からの益戸《ますど》正樹委員は、企業での経験を踏まえ意見を述べました。

「プロジェクトを立案していく場合は、まず最初に課題、問題点、そしてリスクをしっかり洗い出して、実現可能なのかを多角的に検討することがとても大切なことです。私は入学試験の専門家ではありませんが、この入学試験のような技術的な要素が強い問題は、結論を決めてから実現策を考えるのではなく、実現策を考えながら方向性を決めるべきだったのではないかと感じます。

やはり、今回の件は、どうも結論が先にあったのではないでしょうか。制度の細かい設計が追いついていかない中で、どんどん議論が進んでしまった。その理由は、二〇二〇年というターゲットイヤー的な目標が定められていて、それに縛られ過ぎていたのではないかなと思います」

その上で益戸委員は、「勇気を持ってそのスケジュールを後ろ倒しにしていくことはとても重要」とし、「この検討会においては、その実現可能性も同時に、しっかり考えることが大切」だと提案しました。

第三回会議（二月一三日開催）

第三回では、全国の国公私立高校の校長約五二〇〇人を会員とする全国高等学校長協会を代表し、萩原聡委員（東京都立西高等学校長）が発表しました。

英語四技能試験に課題があると二〇一九年七月二五日に文部科学大臣宛「大学入試に活用する英語四技能検定に対する高校側の不安解消に向けて」という要望書を提出した理由を説明。その後、文科省はポータルサイトを作成し八月に公表されたけれど、「不安解消に向けてということでお願いしてきた内容が解消されていない」ので、九月一〇日に文部科学大臣宛「二〇二〇年四月からの大学入試英語成績提供システムを活用した英語四技能検定の延期及び制度の見直しを求める要望書」を提出するに至った経緯を振り返りました。

萩原委員は「私見」と断った上で、「大学入試とは大学が責任を持って自校で求める学生を選抜するものであり、主体的に実施されるべきもの」と述べました。さらに校長を務めている都立西高等学校における「東京グローバル10」指定を受けての取り組みを紹介し、「民間の英語の検定試験を受けさせることで、英語力、スピーキング力が向上するのかどうか。本来目指している使える英語力が身に付いていくのかどうかという点については、私自身ちょっと疑問に思う部分もあります」と述懐しました。

中教審委員として大学入試改革に取り組んだ吉田晋委員の発表では、その間の経緯が詳しく紹介されました。そして「我々は」との主語を用い、「今、ここで焦って決定して本当にいいのかどうか、二〇〇〇年ということではなく、二〇二四年の教育課程の改訂に合わせて、[……]しっかりと検討した上でやった方がいいのではないかということを再三にわたって高等教育局の方に申し出ていた」とも披露しました。

参考までに記すと、高等学校の学習指導要領改訂は二〇一九年度に告示され、二〇二二年度から年次進行で施行、全面施行は二〇二四年度です。それなのに二〇二〇年一月に新共通テストを実施するのは、「先行実施」が可能とされているとはいえ、旧学習指導要領で学んでいた高校生が受験することになり、受験生も、教員も困惑するのは当然です。

渡部良典委員は、「高校までに学んだことの質の保障」について問題提起し、本来なら「全国一斉に卒業試験をやることが望ましい」と提案しました。

加えて、企業が学校英語教育を批判するのは構わないけれど、「それをすぐに入試に結びつけるというのは相当な飛躍がある」と説きました。

さらに、記述式にするためには「採点基準を公開」するという「新たな説明責任」が出てくることに注意を喚起しました。

「スピーキング」については、記述式とも関連するとして、「ただ話せればいいというスピーキングはあり得ません」と説明し、「四技能」という四つの技能が独立してばらばらにあるのではなく「統合された技能として捉える」べきことも論じました。

国立大学協会入試委員長の岡正朗《まさあき》委員（山口大学学長）は、国大協の方針について、「大学入学者選抜における記述式問題出題に関する国立大学協会としての考え方」に示されている通りであり、「それぞれの大学のアドミッションポリシーに基いて、全ての国立大学受験生に個別試験で高度な記述試験を課すこと」にしていると説明しました。

二〇一七年文科省の「高大接続改革の進捗状況について」に対しては、英語民間試験、記述式問題についての課題を国大協として指摘し、「具体的な内容と方法を示すこと」を文科省に求めたと振り返り、民間試験「認定の基準及びその方法」「学習指導要領との整合性」については理解を示した上で、「受験機会の公平性担保、受験生の経済的負担軽減等の具体的方法」「異なる認定試験の結果を公平に評価するための対照の方法」については「いまだ解決すべき課題が残っている」「これらの課題について検討会議で十分に検討、検証を行なうべき」と国大協の考えを示しました。

私立大学連盟の芝井敬司委員（関西大学学長）は、「具体的な制度設計、あるいはリスク管理がやっぱり不十分であった」とした上で、「大学入学共通テスト導入の経緯に関する検証を是非お願いしたい」と要請しました。

さらに、入学試験の変更については二年前に受験生に告知する「二年前周知という大変重要なルール」があるのに、それが破られたことの責任を指摘しました。

英語民間試験については、私立大学が多様な入試形態で利用してきた経験から、「民間試験団体が実施する資格・検定試験については、大学は質保証に主体的に関与することができないという限界があります」と率直な意見を述べました。

末冨委員は「定員管理政策の厳格化」によって大学が「一点刻みの入試をせざるをえな

い」大学の現状を具体的に明かしました。

若干、補足説明をすると、合格しても他大学を選ぶ受験生もいることから、最初から定員数だけを合格させると、他大学に流れた場合、定員割れを起こします。したがって、どの大学も歩留《ぶど》まりを予測して少し多めに合格させます。ところが、予想を上回る人数が入学を決めることもあるので、定められた入学定員を守るのは至難です。それでも「定員」を守らないとペナルティ（罰）を科せられるので、各大学とも苦労しています。「一点刻みはよくない」と言われても、そうやって点数で線引きしないと定員は守れません。「一点刻み」が悪いなら、「定員管理」を緩めるしかないでしょう。

そのような事情を背景に、末冨委員は国大協や私大連などの団体が文科省に意見を出したことがあるのか、問いかけました。

それに対して芝井委員からは、私立大学連盟が二〇一九年三月に申し入れ書を文科省に提出したとの回答がありました。「定員管理」が文科省の競争的資金申請の条件になっていること、四年間での卒業を前提に「中退率」を調査することの是非、「定員管理」が世界の高等教育の標準からかけ離れていることなどを挙げ、「高等教育政策として将来どうするつもりなのか、はっきりしてくれというのが私たち（私大連）の基本的スタンス」だと訴えました。

会議の終わり近くに末冨委員が発言。吉田晋委員が配布した「英語の資格検定試験等の高等学校学習指導要領との整合性の確認について」という文科省資料について、「それを踏まえてもなお、やはり学習指導要領と英語民間試験との対応作業の詳細がつまびらかではない」「指導要領が想定している言語の使用場面から外れるものではないと書いてあって、適合しているとも書いていない」ことを指摘。「プロセスの検証というものがこの会議の大事な作業のひとつ」であるのに、「これ以上の資料が現在示されていないという点については何だか納得がいかない」「どのような丁寧な検証がなされたのかは御説明いただくべきだろう」と主張し、「プロセスの解明」を強く求めました。

それに対し武藤高等教育局企画官が「初等中等局とも連携して御説明を申し上げたい」と返答した後、吉田晋委員は次のような発言をしました。

TOEFLやIELTSというのは、はっきり言って今の日本の高等学校の学習指導要領の中の英語の語彙数では絶対にできるわけありません。[……] 整合性という意味でいうと、本当にTOEFLに合わせた学習指導要領というのは日本の英語教育ではできないと僕は思いますし、学習指導要領というのはやっぱり基本的に言えば一番上を見るのではなくて真ん中あたりをみるものだと思います。［……］ＴＯＥＦＬとかを完全に学習指導要領と整合していくという考え方は、私は絶対不可能であろうと思っています。

「我々」という主語が、この部分では「僕」「私」となっており、個人的見解であると考えられます。

ここで吉田委員が言及している学習指導要領のレベル設定については、一九九〇年代にゆとり教育をめぐる「学力低下」論争が起きる中、従来の解釈が変わりました。一九九九年一〇月に社会学者の苅谷《かりや》剛彦《たけひこ》・東京大学助教授（当時）が、寺脇研・文部省大臣官房政策課長（当時）と対談し、学習指導要領は「最低基準」との答えを引き出したのです（寺脇・苅谷一九九九）[6]。これ以降、教育課程政策に路線変更が生じ、学習指導要領に含まれない高次の学習を容認する文部省の公式見解として定着しました（本田二〇〇二）[7]。

第四回会議（三月一九日開催）

第四回会議は、新型コロナウイルス感染拡大防止のため、傍聴は報道関係者のみに限定し、代わりにライブ配信での公開となりました。

第二回、第三回の会議で、「学習指導要領と英語民間試験との対応」がどのように行われたのか「プロセスの検証」を繰り返し求めた末冨芳委員に対し、第四回会議では初等中等教育局から矢野和彦・大臣官房審議官が出席し、「英語の資格検定試験等の高等学校学習指導要領との整合性の確認について」の資料をもとに説明しました。要旨は以下の通り。

1）「学習指導要領は、最低基準であり、上限を定めるものではない」

前述の通り、寺脇研・文部省大臣官房政策課長（当時）が、「学習指導要領は最低基準」と答えて以来の公式見解を踏まえており、「語彙についても、上限はない」と断言しました

2）「学習指導要領との整合性はセンター理事長から初等中等教育局、高等教育局宛に確認の依頼がなされた」

3）確認方法

「学習指導要領の改訂にも関わった大学の先生や文部科学省における教育課程の基準の専門家、外国語教育担当職員が確認」「各民間試験の出題方針、試験で測定しようとしている能力及び実際の試験問題を確認」

「二つの視点から確認」

（1）評価する資質・能力という視点

それぞれの級やスコアの目安などCAN-DOで示しており学習指導要領の方向性と整合している。

（2）言語の使用場面

学習指導要領では身近な生活上の話題や社会的な話題に関する場面を想定。TOEICではビジネス、TOEFLやIELTSはアカデミックな力を測るが、幅広いものとなっている。

確認結果

TOEFLやIELTSは我が国の平均的な高校生の習熟度に比して難易度が高いのは間違いない。特に語彙レベルにおいて顕著。

しかし、高等学校の学習指導要領においては教えてはいけないものはないわけであり、つまり、難易度の上限はない。

従って申請のあった全ての試験に対しての学習指導要領との整合性について問題ないと初等中等教育局として判断した。

その上で矢野審議官は「大学の個別の試験」にも言及し、「学習指導要領では四技能を育成する」となっているのに、「読むだけの試験」や「文法等の知識を問うために文脈のない不自然な和文英訳問題」などがある、「学習指導要領が目指す資質・能力を評価しているとは言えない出題が大学入試においても数多くなされているのではないかとの指摘もございます」と問題提起。学習指導要領では「英語の授業の発問は英語で行う」となっているのに、高等学校においては学年が上がると「どんどん教師主導の講義の授業が増えて行く」と指摘し、「高校が改革をしようとしても、入試が影響を与えているというようなことは否定できないのではないか」と締めくくりました。

この見解については、委員から反論がありました。

渡部良典委員は、矢野審議官の話が「卒業試験を作る」ということなら分かるが、「ただいまお示しになったデータが大学入試と直接関係があるとは思えません」と切り出しました。例としてセンター入試を挙げ、「委員が二年間かけて学習指導要領を研究して、教科書にない単語については注釈をつける」ところまで「きめ細かく検討して」作っている事実を紹介し、「ケンブリッジ英検、TOEFL、IELTSがとても、日本の学習指導要領を検証して作っているとは思えない」と述べました。

さらに「点数だけでは見えてこないことがたくさんある」例を提示し、英検やGTECのスピーキングテストには質疑応答がないので「やりとりをする能力があるかどうかはわからない」、「それぞれの（民間）テストの得点はCEFRに記載されている運用能力を必ずしも保証しない」「CEFR換算表はほとんど意味がない」と解説した上で、「スピーキングテストが入っているから高校での指導に好ましい影響があるということですが、それは保証の限りではありません」と論じました。

私立大学協会の小林弘祐委員は、私立大学ではすでに民間試験を多く利用している現状を報告し、「民間試験は共通テストとは切り離して、それぞれの大学が必要に応じて自由に採用する」のが妥当だと主張しました。

その意見と同様、渡部委員も「各大学がアドミッションポリシーに合致したテストを入学考査で使うのは何の問題もない」と確認。しかし「共通テストの代わりに民間試験を使うということは全く異なる問題」であると主張しました。

この渡部委員の意見に対し、矢野審議官は、英語民間試験が「ベストだと考えているわけではなく［……］今の大学入試の例えば和訳だけとか、英訳だけとかいうものよりは、はるかに英語民間試験を活用する方が有用ではないか」と補足。

渡部委員は、不適切な出題があるとの矢野審議官の指摘については、「最近の各大学の入試問題を御覧になればすぐに分かりますけれど、そんな入試問題はほとんど今ありません」と切り返しました。

末冨委員は、「初中局でこのような丁寧なチェックをしていただけるのであれば」、補助金削減など「懲罰的ではない形で」フィードバックをすることも、「文科省としては望ましい在り方ではないか」と返しました。

渡部委員は加えて、英検は年間で三六〇万人、GTECは一五〇万人が受けている、それでも「日本人は英語相変わらずできない」と言われているのに、「大学入試に入れれば良くなる」などと単純に言えるのか、と疑問を呈しました。

末冨委員は、矢野審議官の説明を聞いた感想として、「基準同士を比較するというのは」「どうしても形式的な作業にならざるを得ない」と述べ、「形式では逸脱するものではないぐらいの確認しかできないだろう」と結論づけました。

さらに、高校教育における実践と評価は、「必ずしも大学入試によってのみ規定されるものではない」として「県教委の主導性」を挙げ、「高校教育は都道府県行政の主導性が大きいというメカニズムの理解なしに、入試だけに責任を負わせるような言い方というのは正確ではない」と指摘しました。

矢野審議官が「読むこと、書くこと」を課す大学入試に異議を唱えた点について、末冨委員は、概略、次のように反論しました。

＊最先端の学術的な知見は常に英語で発信される。だからこそ、大学入学者たるにふさわしいリーディングスキルがなければだめ。

＊専門的技能を養成するには、まずリーディング、次にライティング。そうでないと世界についていけないし、戦ってもいけない。

＊リーディング、ライティングにバランスが偏ることの意味を、「知の国際競争」の枠組みの中で捉えていただきたい。

ここで蛇足を承知で私見を一言。各大学はそれぞれの教育目的に応じてアドミッションズ・ポリシー（admissions policy 受け入れ方針）を策定し、それに基づいて試験問題を作成しています。

大学入試センターは問題作成に二年かけるという話がありました。各大学でも出題に一年はかけます。受験生が高校で学んだ範囲を検定教科書などで確認し、範囲を超えている語句は言い換えたり注釈をつけたり配慮します。

個人的には、受験生が努力した成果を発揮できるような出題を心がけ、使う英文を選ぶ際には、せっかくこの大学を受験してくれるのだから、たとえ不合格になっても、あの英文を読めて良かった、と思ってもらえるようにしたいとこだわりました。

マーク式問題の採点はコンピューターですが、設問が妥当であり選択肢の中に正解が複数ないようにと、作問を練ります。記述問題は、想定していた基準に合致しない解答が出てくるので、採点しながら延々と議論して基準を変えるなどの苦労があります。出題ミスや採点ミスが出た場合は、受験生が被害を被り、大学にとって致命的な打撃となるので、何回も点検する作業は、極めて重いものでした。

　昨今の大学は、そのような筆記試験による一般入試だけでなく、ＡＯ入試（新・総合入試）や推薦入試、帰国生入試等々、何種類もの入り口があり、そのこと自体は受験生にとって助かることですが、教員にとっては一年中、入試業務に追われることになります。研究や教育の時間にも入試業務が食い込みます。アメリカの大学にはAdmissions Office（入試室）があり、教員ではなく専従の職員が全ての選抜を担います。日本のＡＯ入試は、名称だけアメリカ風ですが、教員が関わる点が全く異なります。どうせ真似をするなら、全部を真似れば、教員は研究と教育にかける時間を犠牲にしないで済むのにと思います。

　それでも大学教員は、なんとか良い学生に来てもらいたいと必死に問題を作成します。入試問題の質を調べる余裕が文科省にあるのなら、その大学が目指す教育に応じた試験問題になっているかどうかを確認し、難ありと判断した場合に注意喚起すれば済むことではないでしょうか。もっとも今は、大学の入試問題がすぐにツイッターで拡散され批評されますので、受験生自身がチェック作業を行うようになっています。質の悪い出題をする大学は受験生から見放され、淘汰《とうた》されていくようにも思います。

第四回会議の最後には、西田憲史・大学振興課長が、二月二一日付で「大学入学者選抜における多面的な評価と在り方に関する協力者会議」[8]が設置され、本検討会議と同日の三月一九日午後に開催されると報告しました。

「多面的に総合的に評価する」のが、これまで（おそらく臨教審も含めて）の改革議論の基本であった、具体的には、「高校で作成する調査書や志願者本人が自分の活動とか実績を記載するような資料も入試に活用いただきたい」と説明しました。

「ジャパンe－ポートフォリオ」という用語は全く使いませんでしたが、実態は、調査書の代わりに個々の生徒の課外活動なども記録させデータに保存するシステムなので、生徒の個人情報保護の問題に加え、学校生活の内外におけるすべてが記録され入試に使われることに教育的観点からの懸念が指摘されています（第五章を参照して下さい）。

なお、二〇二〇年七月九日、ジャパンe－ポートフォリオを運営する一般社団法人「教育情報管理機構」への許可を取り消す方向で文部科学省が調整を始めた、と報じられました。システム開発と運営はベネッセが受託し、登録にはベネッセのID取得が必要であることが問題となっていました。[9]

第五回会議（三月三一日）延期　四月一四日開催

新型コロナウイルス感染症拡大で延期となった第五回会議は傍聴者なしのＷＥＢ会議がYouTube文部科学省公式動画チャンネルにてライブ配信[10]されました。

特筆すべきは、大学入学共通テストにおける英語民間試験の活用延期と記述式問題の導入見送りという大きな混乱の原因は、大学入試改革を通して高校教育を変えていこうとした、いわゆる「高大接続改革」の進め方にあったとして、当時の経緯をよく知る委員から反省が表明されたことです。

島田康行委員（筑波大学）は、主に国語の記述式問題についての問題点を提示。思考力・判断力・表現力を測るために導入されたものの、採点を考慮して「条件付記述式」にしたことで作問のねらいが限定的となったと分析しました。

加えて、「スケジュールに無理があったのではないか」とも指摘。採点システムについても、採点ミスが発生した時の対応・救済策が不明であったことがさらなる不安・不信につながったと述べ、共通テストの枠組みではやはり困難である、また記述式以外についても、国語の大問構成がこれまでのままでよいのか見直すべきである、と総括しました。

荒瀬克己委員（関西国際大学）は、高大接続システム会議の委員であったことから、うまくいかなかった理由と反省の弁を、概略、次のように述べました。

「高大システム改革会議の最終報告では、大学入試が小中高校教育に大きな影響を与えていることから、高校教育と大学教育を一体的に改革するとしたことが重要であった。新学習指導要領の改訂に合わせた二〇二五年の入試がポイントになるはずであったが、二〇二一年の入試を目標にすると早められたことで、時間の問題で十分に議論することができなかった恨みがある。

共通テストは二次試験と組み合わせて用いる前提であったので、資格試験のような段階別成績表示でよいと考えていた。すべての高校生に意味のあるような教育改革として、できるだけ早くしかし十分に検討されたものを届けなければいけない」。

末冨委員からは、「時間の問題があったのに、なぜ止まれなかったのか？」との質問がなされました。

それに対して島田委員は、「いくつかの課題があったのに、時間の問題で次の会議へ先送りするだけになってしまった」と答えました。

荒瀬委員の答えの要旨は次の通りでした。

「高大接続特別部会、高大接続システム改革会議、検討準備グループと三つの会議にわたっていく中で、合教科の設問、複数日程の実施など、実施が困難だとしていろいろなものがなくなっていき、最後に残ったのが二つだった。共通テストは資格試験でいいと思っていたし、段階別評価の導入を望んでいたので、当時はその二つなら実施可能だと思っていた。今は実施できないことがわかり、十分に理解できていなかったことを反省している」。

川嶋太津夫委員からは、「大学入試センターの役割はどうあるべきか？」との問いがありました。以下は、三名の委員の答えです。

荒瀬委員「英語四技能の評価も記述式の採点もセンターができればよかった。そのために人と金が注がれることが大事である」。

吉田委員「荒瀬委員の意見に同調する。指導要領が改訂される二〇二四年までは現状のセンター試験のままでやって、その間にセンターでできるのかどうか検討すればよかった」。

渡部委員「入試に力を持たせて、高校教育に影響を与えるやり方は健全ではない」。

教育新聞は購読会員限定のオンライン版（二〇二〇年四月一四日）で、「高大接続改革が二〇二〇年の共通テスト導入という時間的な制約の中で進められ、結果として準備が不十分だったことが露呈し、大学入試を巡る社会的な大混乱を引き起こしたとの認識でほぼ一致した」と報じています。

第六回会議（四月二三日開催）

今回も、WEB会議方式で開かれ、一般傍聴はライブ配信[11]でした。

文科省からは「大学入学者選抜関連基礎資料集」と題した一四〇ページほどの資料が公開されました。

清水美憲《よしのり》委員（筑波大学）は、数学の試験における記述式問題を取り上げ、現行のセンター試験は完成度が高く十分機能しているが、共通テストの記述式はまだ制度上の限界があり、採点のシステムを考えても現状では「記述式」は無理であると分析。個別入試との役割分担をするべきだと主張しました。

渡部良典《よしのり》委員（上智大学）は、英語民間試験は共通テストの代わりにはならない理由を概《おおむ》ね次のように説明しました。

まず、適正な教育効果には「信頼性」「妥当性」「実用性」「公平性」「真正性」「教育効果」が必要であり、この中で特に「信頼性（測定の安定性）」「実用性（実行可能性）」「公平性」が大切として、民間試験同士の比較について、具体例を示して解説しました。特にスピーキングについては、各民間試験の相関が低いこと、時間軸の比較を見ても、点数で区切ったものが正しく学力を判断できるか疑問であることを例示し、複数の民間試験で学力を評価する、すなわち「比べあう」ことは全く意味がないと結論付けました。

なお、渡部委員は、会議の最後にも発言。日本言語テスト学会（ＪＬＴＡ）が二〇一六年、当時の文科大臣に「大学入学希望者学力評価テスト（仮称）における英語テストの扱いに対する提言」を提出しており、現在に至る失敗の多くを予測していたにもかかわらず、この提言が考慮された形跡が全く見られない、と明かしました。おそらくすでに民間試験導入という結論が先にあり、そのために都合のよい情報だけを収集し、都合の悪い研究成果は考慮しなかったと思われてもやむを得ない、と苦言を呈しました。

第七回会議（五月一四日開催）

第七回の会議では、ヒヤリングが行われました。

新井紀子・国立情報学研究所教授など数名が招かれた中で、南風原《はえばら》朝和《ともかず》・東京大学名誉教授が、「振り返りと提言」を発表しました。

まず、大学入試改革があのまま実施されていたら大混乱になっていたとして、その原因の第一が「理論的基盤が弱く、制度設計が杜撰《ずさん》」であったのに「止められない力学が働いた」ことがあったとし、「地盤が弱く崩れるべくして崩れた砂上の楼閣」だと形容しました。

第二の原因として、「思考力・判断力」などの概念は曖昧で「共通テストの主眼とするには、そもそも無理」であった。それなのに、慎重論を唱える専門家を外し同質性の高い委員で固めた、会議の一部を非公開にした、関連学会からの提言を無視した、パブリックコメントに対して真摯に向き合うことをしなかった、などを挙げ、学習指導要領で求めている「対話的な深い学び」を文科省自らが放棄した、と批判しました。

加えて、「大学の影が薄く、受け身であったこと」を第三の原因としました。例として東大の迷走を説明した上で、国立大学協会の対応も問題視しました。

「条件付き記述式問題」については、テスト理論を専門にする委員として記述式問題のメリットがないと「高大接続システム改革会議」で反対したが、安西祐一郎《ゆういちろう》座長（中教審会長）からは「ありがとうございました。ほかにはいかがでしょうか」の一言で無視された、と証言しました。このときが「高大接続システム改革会議」の最終回であり、後続の会議は非公開の少人数会議であって、テスト理論専門家が不在のまま新たな方針が策定されたことになります。

南風原氏は、社会的には大きな話題になっていないけれど重要な問題として、「二〇二一年開始の共通テスト」では、従来のセンター試験にあった「発音・アクセント問題」と「語句整序問題」が廃止になった事実を取り上げました。

「英語力評価及び入学者選抜における英語の資格・検定試験の活用促進に関する連絡協議会」において安河内《やすこうち》哲也委員が「この二問はスピーキング力とリスニング力を間接的に測るもので、悪いウオッシュバックがある」と発言。文科省から出向していた大杉住子・大学入試センター審議役が、プレテストからこの二問を外す方針であると説明し、二〇一八年二月のプレテストに関して、同連絡協議会の吉田研作委員と松本茂委員の賛同コメントを「うやうやしく」掲載していると皮肉りました。

その上で、この二問の廃止が、民間試験導入延期になってもそのままであること、重要な決定であるのに「書面審議」で済ませたことに疑問を呈しました。

なぜこの二問が重要なのかについて南風原氏の説明は、次の通りです。

＊「発音・アクセント問題」は、大学入試センター・試験問題評価委員会が「スピーキング技能につながる音声的知識の土台」として設問を策定し、日本言語テスト学会で発表された研究でも妥当性が確認されている。

＊「語句整序問題」は、「話すこと」につなげるための「文構造を作り出す」能力を問うている。間接測定としてではなく、「話す力」「書く力」を育てる基礎的知識、土台となる力を評価する意義がある。

＊この二問の取り扱いは、エビデンスをもとに再考するべき。

検討会議がなすべきこととして、南風原氏は「理念は正しかったか？」「そもそも理念と言えるべきものであったか？」を問い直すことに加え、「エビデンス」（evidence 実証に基づく根拠）を挙げ、専門的なエビデンスを有している大学入試センター、学会を積極的に活用すると共に、「不当介入は排除すること」を強く求めました。

同じ回では、日本若者協議会推薦の高校生二人が招かれ、大学入試改革についての感想を述べました。

都立西高等学校三年、米本さくらさんは、英語民間試験導入がもたらした影響について「試験の特徴や難易度の違いにより比較が難しい、試験ごとの受験料の差が著しい、CEFRの評価が分かりづらい」などを挙げ、「高校生になじみのあった英検には多数の受験者が集中し、わずかな時間で定員に達し申し込めなかった生徒が多数いた」実情を説明。「受験競争が前倒しになることへの不安」と同時に、「十分なスコアが出たらその時点で四技能の学習をやめてしまいかねない」「そもそも大学入試のために授業を構成するということがあって良いのか」と疑問を呈し、「四技能すべてを共通テストで図ることには無理があるのではないか」と訴えました。

山口県立岩国高等学校三年、幸田飛美花さんは、「共通テストで英語四技能を評価すべきではない。そもそも共通テストの段階でどうして四技能を評価する必要があるのかわからない」と述べ、民間英語試験を活用するにしても「加点形式なのか換算方式なのか、受験資格なのか」詳細をはっきりさせてから導入すべきだと主張しました。また、地方の実態を説明し「受験会場を地方にも設置してほしい」と訴えました。さらに「大学入試改革より先に、授業改革、教育そのものを改革する必要があるのではないか」とした上で、自身が集めた高校生の声から「共通テストで英語四技能を評価するべきか否かについては反対派の方が圧倒的に多い。賛成派も共通テストの枠では難しいと考えている」「そもそもなぜセンター試験ではだめなのかわからない」などの結果を紹介しました。

「大学入試のあり方に関する検討会議」は継続中で、第八回（二〇二〇年六月五日）、第九回（同年六月一一日）では「外部有識者・団体からのヒヤリング」を実施しました。

第一〇回会議（二〇二〇年六月二六日開催）では、羽藤由美氏が「大学入試における英語四技能評価のあり方について」を発表しました。

本書では、第七回までの会議を中心にまとめました。議事録は、二〇二〇年七月一二日現在、第四回会議までしか公開されていませんので、第五・六・七回に関しては動画や報道を参考にしています。その上で感じたことが三点あります。

第一に、発言者が誰であるかを明記した議事録の重要性でした。

折しも、コロナ感染症対策で設置された政府の「専門家会議」の議事録がないことが問題になりました。将来の感染症対策にも参考となるはずの重要な会議の意思決定プロセスが記録されていないというのは将来に禍根を残します。

今回の「検討会議」の議事録を読むと、委員が繰り返し追加資料の提出を求めていました。「検証する」という原点に議論を戻そうとする委員の力は大きかったと思います。回を重ねるごとに、委員と文科省とのやりとりが率直になり、その中から新たな事実や考え方も浮かび上がりました。

このような貴重なやりとりは、決定した要点だけを公表する「議事要旨」では失われてしまいます。政府省庁の委員となる以上、本名を明かして発言する責任がありますし、主催者である省庁は、録音を書き起こした議事録を公表するべきです。

なお、細かいことですが、議事録公開の際には氏名をフルネームで明記すべきではないでしょうか。氏名と肩書きは「委員名簿」が資料として別に付くからでしょうか、議事録では「吉田委員」や「鈴木委員」などとするのが、慣例です。しかし、例えば大学入試改革の関係者には同姓も存在します。苗字だけでなく名前もきちんと表記しないと、紛らわしく同姓の他人と混同されたり誤解の元になりかねないと危惧します。

とはいえ今回の「検討会議」のように、詳細な審議記録を配布資料と共に公開することは極めて重要です。貴重な記録を議事録として残すことが、公文書管理の良き先例となることを願ってやみません。

次に痛感したのは、反対論や慎重論を排し無理だと分かっていながら大学入試改革に突っ走った無謀さです。以前から関係者の間では、「まるで第二次世界大戦中の「インパール作戦」だ」と密《ひそ》かに囁《ささや》かれていました。司令部がずさんな作戦を強行して多くの日本兵が命を落とした無謀な作戦のことです。

最近では、新型コロナ感染症対策として政府が全所帯に二枚の布マスクを配布した「アベノマスク」を、関係者が「インパール作戦」にたとえているようです。「これほどの量を短期間で確保するなんて元々厳しい目標だった」「『マスクを何とかしろ』と官邸の声の大きい人が言ったことが通り、無理に無理を重ねた」と政府関係者が振り返ったと報じられています[12]。

大学入試改革も、検証してみれば、「期限に縛られて無理に無理を重ねた」ことが原因で頓挫したのが明らかです。インパール作戦では人命が失われました。大学入試改革では、高校生の将来をかき回しました。ともかくやってみようと強行した「司令部」の責任は重大です。

今後は、このようなことにならないよう、私たちは「司令部」任せではなく、しっかり政治を見極め、おかしいことがあったらおかしいと声を上げなければなりません。「主権在民」「主権は国民にある」ということは、そういうことです。本書で取り上げた若者三人も、それを学んだのだと思います。

最後に、「大学入試」という「点」だけを見ていては、改革など無理だということを再認識しました。これまでの経緯を振り返り今後につなげる「線」が不可欠であり、同時に、大学入試を取り囲む教育や社会の状況、世界の動きなどの「面」も視野に入れない限り、向かうべき方向性が出てきませんし、拠《よ》り所となるべき理念も生み出せません。

これまでは、一九八〇年代の「臨教審」答申が敷いたレールの上を走ってきましたが、自由化の帰結として格差が教育をも直撃することが、今回の大学入試改革で露わになりました。

バブル期の「臨教審」当時と二〇二〇年の現在では、時代が変質しています。新型コロナ禍により日本だけでなく世界が混迷し変貌している中、「コロナ後」の社会のあり方への模索が始まっており、教育も新たな理念を必要としています。それをふまえて、大学入試はどうあるべきかを考えなければなりません。

その意味で、「検討会議」が、わずか一年という期限つきであることは誠に残念です。大学入試改革の問題は、技術的方法論で解決するわけではありません。先の見えない時代にあって、教育とは何か、思考力とは何か、主体性とは何か、人間の能力を測るとはどういうことか、AI時代に求められる英語力とは何か、根源的な議論を避けては通れません。

二〇二〇年が、新たな未来への出発点となることを願っています。

1　日本学術会議言語・文学委員会「文化の邂逅《かいこう》と言語」分科会

2　「検討会議」の議事録の全てを転記することは不可能ですので、重要と判断した発言のみを取り上げます。また、二〇二〇年六月以降の会議については刊行時期に間に合わないので記載しません。毎回の議事録は文科省の公式ウエブで確認して下さい。

3　巻末資料参照

4　英語力評価及び入学選抜における英語の資格・検定試験の活用促進に関する連絡会議

5　大学入学希望者学力評価テスト検討・準備グループ

6　寺脇研・苅谷剛彦（一九九九）、「徹底討論　子供の学力は低下しているか」『論座』一〇月号、（朝日新聞社）、二一一—二三三頁

7 本田由紀（二〇〇二）「九〇年代におけるカリキュラムと学力」、『教育社会学研究』第七〇集、一一五頁、一〇五―一二三頁
8 二〇二〇年二月二一日設置。「大学入試のあり方に関する検討会議」と同日の三月一九日に一回目を開催。「検討会議」からは、三名の委員（川嶋太津夫、柴田洋三郎、牧田和樹）が参加。
9 NHK NEWS WEB 二〇二〇年七月九日
10 第五回（四月十四日）清史弘　Harbor Business Press https://hbol.jp（2020.7.1 検索）
11 第六回（四月二十三日）清史弘　Harbor Business Press https://hbol.jp（2020.7.1 検索）
12 朝日新聞二〇二〇年六月一日朝刊「布マスク「質より量」迷走―政府、早さ重視　国内検品断る」「全戸配布　官僚も耳疑った」

あとがき

ちくまプリマー新書で何か書かないかとご提案をいただいたのは、何年か前のことになります。若い世代に向けてのメッセージは是非とも発したいと思い、お受けしました。

ところが、その頃はちょうど英語教育が小学校英語をはじめ問題山積で、大学入試英語についてもどんどん危うくなってきた時期と重なりました。私にできることは話すこと書くことですので、講演や取材で発信していましたが、それがどれほど事態の改善に役立っているのか自信喪失、無力感に襲われていました。『英語教育の危機』（二〇一八）の「まえがき」で、「英語教育改悪がここまで来てしまったら、どうしようもない。もう英語教育について書くのはやめよう、と本気で思った」と本音を書いたくらいです。「英語についての一般社会の思い込みの岩盤は突き崩せないと悟り、諦《あきら》めの境地に達していた」ので、こんなお先真っ暗な状況で、その被害をまともに受ける若い世代に、いったい何を話したら良いのか、考えれば考えるほど分からなくなっていました。

そうこうしているうちに、二〇一九年一一月に、破綻しかけていた英語民間試験導入を、世論の力で食い止めることができました。それまで何年もの間、自分なりに闘ってきても何も動かず、非力を噛《か》み締めるだけだった私にとって、目の前が開けたような心持ちでした。特に、反対運動で闘った三人の若者の存在が輝いていました。

ぜひ会って話してみたいと考え、三人のオーラル・ヒストリー・インタビューを新書にすることが可能か、筑摩書房に相談してみたところ、ご快諾いただきました。理解を示し協力を惜しまなかった担当編集者の鶴見智佳子さんには深く感謝する次第です。

書き始めてから、大学入試改革をめぐる経緯を説明しておく必要を感じて「序章」を入れ、大学入試についての検討がどうなっているかを「終章」で解説しました。そのための確認作業に協力して下さった荒井克弘先生、南風原朝和先生、羽藤由美先生をはじめとする皆さんに厚くお礼を申し上げます。「序章」で明らかなように、大学入試改革見直しに向けては、実に多くの方々が独自の方法で貢献していました。教育を真剣に考えている大人の存在が若者の潜在的な力を引き出したようにも思います。

そしてその若者たち。インタビューを快く受けて下さり、書き起こし原稿を確認の上、そのまま使う許可を下さった服部くん、音晴くん、クリスくんに心から謝意を表します。インタビューの書き起こしを読み直すたびに、この本の主役である三人の個性あふれる語りに魅了されました。政治に興味のなかった一〇代が、声を上げることで世の中を変えられると実体験したこと、発言する勇気を持つことの大切さを学んだことは貴重です。三人の批判的思考力と主体的な行動力に敬服し、時に驚嘆し、共感し、このような若い世代が育っていることへの喜びと期待に満たされました。

三人は、もしかすると今の日本では例外的な存在かもしれません。しかし、コロナ後は「未知の世界」であり、予見できない未来が待っている「不確実な時代」であることに思いをはせると、このような若者たちがどんどん育って欲しいと思わざるをえません。自分が生きている社会なのですから他人任せではなく、おかしいと思ったことをおかしいと一人一人が声を上げ、自分たちで社会を変え、未来をつくっていっていただきたい。

本書を読んで下さった読者の皆さんが、三人の語りから大きな力を得ることで、より良き未来への希望が生まれることを願ってやみません。

二〇二〇年初夏

鳥飼玖美子

2021年度大学入学共通テストにおける英語民間試験の利用中止に関する請願書

一　請願要旨

2021年度（2020年度実施）の大学入学共通テストにおいては，大学入試センターが作成する英語の試験と，英検，GTECなど8種類，計23の民間試験が併用されることになっている。文部科学省は，大学入試センターが作る英語の試験を2024年度から廃止し，民間試験に一本化したい意向といわれる。しかし，多くの専門家が指摘するように，新制度には多数の深刻な欠陥があり，大学入試が有するべき最低限の公正性・公平性が確保されていない。それどころか，2020年4月の新制度導入を間近に控えた現時点でも，希望者全員がトラブルなく民間試験を受検できる目処が立たず，高校生や保護者，学校関係者に不安が広がっている。このように，ずさんな制度設計，拙速な計画の弊害が，制度の開始前から表面化しているにもかかわらず，当初の予定どおりの導入にこだわることは高大接続改革の意義をないがしろにする。このまま導入を強行すれば，多くの受験生が制度の不備の犠牲になり，民間試験の受検のために不合理な経済的，時間的，精神的負担を強いられる。また，予想される各種のトラブルのために，当該年度の入学者選抜が大きく混乱することも危惧される。

以上の趣旨から、次の事項を速やかに実現するよう請願いたします。（衆議院）

ついては，次の事項について実現を図られたい。（参議院）

二　請願事項

1　2021年度大学入学共通テストにおける英語民間試験の利用を中止すること。

2　大学入学共通テスト全体としての整合性を考慮し，公平性・公正性を確保するために新制度のあり方を見直すこと

①国会請願書

②「二〇二一年度（二〇二〇年実施）の大学入学共通テストにおける英語民間試験利用の中止を求めます」『新制度の問題点』

二〇二一年度（二〇二〇年度実施）の大学入学共通テストにおいて英語民間試験を利用することには、主に以下のような問題があります。

1．「各資格・検定試験とCEFRとの対照表」に科学的な裏づけがない。（資料①）

(1)構成概念（測る能力）が異なる試験の成績を比べることはできない。

・テストはそれぞれ独自の目標のために、測定する対象となる能力を想定してデザインされる。よって、仮に、XさんはGTECを受けて「A2」、Yさんは英検を受けて「A1」のスコアを得たとして、XさんがYさんより能力が高いと言える科学的根拠がない。両者が同じ試験を受けたら、YさんがXさんより良い成績をとる可能性が十分にある。これでは公正公平な選抜と言えず、受験者の理解も得られない。

(2)CEFR（ヨーロッパ言語参照枠）が誤用されている。

・CEFRは多様な国や地域で多様な母語をもち多様な教育を受けた人たちの第二言語能力を大まかに評価するための目安であり、「国際標準規格」ではない。

・CEFRはあくまで個々人の能力発達の目安となるものであり、大勢の受験生の能力を数値化して比較するために使うべきものではない。

・CEFRは完成しておらず、改善が進んでいる。二〇二一年度入試から日本で用いられようとしているものは、見直し前の古いバージョンである。

(3)対照表は、各試験団体が行った（自己申告した）当該試験のスコアとCEFRの六段階の「対応づけ」をつなぎ合わせたものである。第三者による科学的な検証が行われておらず、信用できない。

・各試験団体が行ったCEFRとの対応づけを検証したとされる「英語の資格・検定試験とCEFRとの対応関係に関する作業部会」（文部科学省内に設置）は、審査される側の民間試験団体の代表者（五名）と民間試験の開発や対応づけに携わった研究者（三名）から成り、客観的かつ科学的な検証をする資格と能力のある第三者を含んでいない。

・作業部会において辻褄合わせの対応づけの変更が行われた。

・和製の民間試験については、対応づけ論文の学術的不備を多くの専門家が指摘している。

・多くの受験生が利用すると見込まれるGTECと英検には、共通テストとして使われるにあたって仕様を変更した試験が多く、対応づけの前提となる同一試験内の等化・標準化（どのレベルのどの回のテストを受けても、同じ能力なら同じ成績が返されるような統計処理）が十分とは考えがたい。

(4)スコアのダンピング（対応づけの下方修正）が起こる可能性があり、すでに前兆がある。

・受験生が良い成績を簡単にとれる試験を選ぶのは必然。すでに幾つかの試験がそのことを想定したと思われる根拠不明瞭な対応づけの変更をしている。今後、受験者獲得競争が加熱するにつれ、スコアのダンピングが激しくなることが危惧される。

(5)GTECのCBTタイプやTOEICは、一つの試験でA1レベルからC1レベルまで判定できるとしているが、限られた問題数でそれを行うのは無理がある。

2．「大学入学英語成績提供システム」の参加要件は公表ベース（公表していればOK）であり（資料②）、試験の質に関する実質的な審査は行われていない。また、試験の運営は各民間試験団体に丸投げされており、第三者が監視・監査する制度がない。

(1)学習指導要領との整合性が乏しい民間試験が含まれている。

(2)採点の質が担保されていない。（資料③）

・どのような資格・資質の採点者が、どのような体制で採点を行うのか不透明。

・特に和製の民間試験は、受験料が海外の試験の数分の一（たとえばIELTSは二五・三八〇円、GTECは六七〇〇円）であり、同水準の質の採点が行われているとは考えがたい。

(3)障害等のある受験生への合理的配慮が不十分（資料④）

・現行の大学入試センター試験では障害に対する配慮の統一基準があるが、民間試験については障害等への配慮が試験団体によって異なる。

・特にスピーキングについては、話すことにかかわる障害に対する配慮がほとんどなされていない。また医学的には認定されにくい障害や、十分に社会的に認知されていない要因が成績に影響するケースが少なくないが、それらに対する配慮も不十分。

(4)トラブルや不正への対応が不透明

・作問や採点のミス、機器トラブル、問題漏えい、受験時の不正等が発生した際の対応等が民間試験団体に任されており、共通テストとしての責任体制が構築されていない。このままであれば、情報隠蔽の可能性も否定できない。

(5)受験対策で利益を得る試験団体がある。

・民間試験団体の中には、当該試験の受験対策のための問題集やセミナー、通信教育などを販売しているところがあり、試験の公正性維持が危ぶまれる。(資料⑤)

・民間試験団体が受験対策事業の収益を伸ばすためにテストの仕様を変更する可能性がある。テストの仕様が変われば、それまでの問題集等が使えなくなり、新たな需要を生み出せる。

3．**全員がトラブルなく受験できる目処が立たず、混乱・不安が広がっている。**

(1)会場や人手の確保が難航している。

・共通テストへの導入に伴って、あらたにテストセンターを設置したり(英検)、高校会場以外の会場を探したり(GTEC)、これまでにない試みが短期間で行われているが、間近に迫った制度開始までに十分な数の会場や監督者等が確保できるかは不明。無理をすれば、大きなトラブルにつながりかねない。

(2)高校会場の利用により、公正性・公平性が低下し、高校教員の負担が重くなる。

・最も多くの受験者が見込まれるGTECは、昨年一二月までは、受験生の高校を会場としないと公表していたが、本年五月にその方針を変更し、高校会場が使われることになった。当該高校の教員は試験監督をしないことになってはいるが、大学入試としては公正性を欠く恐れがあり、学外の試験会場で受験する生徒との不公平も生じる。また、すでに過労状態といわれる高校教員に会場設営や生徒の誘導等、大学入試の運営に伴う負担を課すことになる。

(3) 情報の周知が遅れている。

・複雑な制度の詳細がバラバラと五月雨式に文部科学省から発表されるため、新制度に　関する重要な情報が教員や受験生、保護者に行き渡っていない。特に、浪人生、既卒者、専門高校や進学校以外の高校からの大学進学希望者が不利益を被る恐れがある。

4. 合否判定にまったく、あるいは、最小限の影響しか与えない民間試験の使い方をしながら、全員に受験を課す国立大学が多く、受験生は不合理な経済的・時間的・精神的負担を強いられる。（資料⑥、資料⑦、資料⑧）

・成績を不問としながら全員に民間試験の受験を課す岡山大学については、民間試験の受験料を払うことが実質的な出願資格となっている。

・一般的な高校教育では到底望めないC1以上だけに加点するにもかかわらず全員に民間試験の受験を課す三重大学や、A1以上を出願資格とする大学も、それに近い状況である。

・総じて、国立大学は、民間試験の利用に不安を抱えながら、国の既定方針や国立大学協会の「全員に課す」という基本方針に逆らえないという理由で民間試験の採用を決めたところが多く、一国の大学入試のあり方として極めて由々しき事態になっている。

・一方、今になっても学内の意見集約ができず、民間試験の利用法を決定していない大学もある。（資料⑨）

・そもそも、国立大学協会が二〇二一～二〇二四年度入試の受験生だけに共通テストの英語試験と民間試験の両方を課すと決めたのは、民間試験の利用に関わる諸問題が解決していないからであるが、正規の受験生を制度の「お試し」に使うことなど、国立大学として恥ずべき行為である。また、大学をその方向に引っ張る文部科学省の視野にも受験生が入っておらず、この「改革」は一体だれのためのものかという疑問が湧く。

5．**受験機会の不平等**

(1)共通テストに求められる受験機会の均等が保証されていない。

・民間試験の受験料は最低でも五千円台、高いものは二万五千円を超える。そのうえ、試験会場が全国に数地区しかない試験もあり、都市部と地方とでは選択肢に大きな差がある。

・幼いころから民間試験や受験対策講座などを手軽に受けられる都市部の富裕層に圧倒的に有利な制度であり、地方の低所得層からの大学進学をいっそう難しくする。

(2)非課税世帯や離島・へき地の受験生の負担を軽減するための「例外措置」が機能しない。

・高二時にB2（英検準一級合格程度）以上の成績を有する生徒は高三時に民間試験を受けなくてよいという制度だが、設定されたレベルが高すぎて（中学校教員の三〇％あまりしか達していないレベルで）負担軽減策として機能しない。（資料⑩）

6．四技能やスピーキング能力が向上する確証がない

・入試をテコに教育を変えようという試みであるが、本末転倒であるばかりか、入試を変えれば英語教育が改善するという理論的・実証的証拠がない。それにもかかわらず、「改革」と引き換えに犠牲にするものはあまりにも大きい。

結論

これだけ混沌としたなかで受験期を迎える二〇二一年度（二〇二〇年度実施）入試の受験生の多くについては、「改革」によって4技能が伸びることなどもはや望めない。目的を果たせないことが分かりながら、先に繋がるまぐれに賭けて民間試験の導入を強行することは、個々の受験生の人権を侵害し、高大接続改革の意義をないがしろにする。「全入時代」といわれる今でも、一人ひとりの受験生にとって、大学入試は自らの将来をかけた真剣な挑戦の場である。公平、公正な入試を用意することは社会の当然のつとめであり、受験生の権利でもある。その前提を欠いた入試は暴走以外の何ものでもない。

【引用した資料】

①各資格・検定試験とCEFRとの対照表②大学入試英語成績提供システム参加要件③NHK時論公論（二〇一九年六月一〇日）④毎日新聞（二〇一九年五月一八日）⑤毎日新聞（二〇一九年六月八日）⑥毎日新聞（二〇一九年五月八日）⑦日本経済新聞（二〇一九年一月一四日）⑧北海道新聞（二〇一九年五月六日）⑨朝日新聞（二〇一九年五月三一日）⑩朝日新聞（二〇一九年五月二八日）

③「大学入学共通テスト　英語民間試験導入を考える」（視点・論点）二〇一九年一〇月一六日（水）

立教大学　名誉教授　鳥飼　玖美子

今日は、二〇二〇年から始まる「大学入学共通テストへの英語民間試験の導入」について、どういう制度なのか、何が問題なのかを説明します。

「大学入学共通テスト」というのは、これまで行われてきた「大学入試センター試験」いわゆる「センター試験」を廃止した後に始まる、新しい「共通テスト」です。

国立大学を目指すなら必ず受験しなければなりませんし、私立大学も多く参加していて、毎年五〇万人以上が受験します。

その「共通テスト」の英語科目では、大学入試センターの試験に加えて、民間事業者による試験も受けなければなりません。高校二年生は、七種類ある民間試験のどれかを選んで申し込みをします。高校三年生になってからの四月から一二月までの間に二回受けられることになっていて、そのスコアが民間試験事業者から、大学入試センターの「大学入試英語成績提供システム」に送られ、それが、大学に送られることになります。

民間試験のスコアをどのように活用するかは大学が決めるので、国立大学でも「出願要件にする」とか「合否判定には使わない」、もしくは「民間試験のスコアを加点する」などマチマチです。活用を決めかねている大学もありますし、肝心の民間試験で未だに日程や会場を公表していない事業者も複数あるので、高校現場は混乱しています。

英語に民間試験を導入することになったのは、「読む・聞く・書く・話すの四技能」を測定することが理由です。これまでのセンター入試は「読む・聞く」の「二つの技能」なので、「話す力」「書く力」も測るのに民間試験を使うとなりました。二〇二〇年から三年間は、大学入試センターが作る英語試験と民間試験の二本立てで、二〇二四年度以降は民間試験だけにするかどうか決まっていません。初の共通テストは二〇二一年一月実施ですが、英語民間試験は二〇二〇年のうちに受けなければなりません。

英語民間試験はすでに多くの大学で活用されていますが、共通テストとして五〇万人以上が受けるとなれば、規模や運営が全く違ってきます。ところが、そのような認識がなかったのか、制度設計に構造的な欠陥があります。具体的に七点ほど挙げてみます。

まず、大学入試センターの「共通テスト」でありながら、民間の英語試験だけは、実施する事業者の運営に任せています。そして入試センターの英語試験と違って、民間試験は学習指導要領にもとづいた出題ではありませんし、出題内容を公表しません。

次に、認定された民間試験は七種類あって、それぞれ目的や試験の内容、難易度、試験方法、受検料、実施回数などが違います。

三番目の問題は、「格差」です。

これまでは、大学入試センターに検定料を払って、志望大学に受験料を払うだけでしたが、今後は、別に民間試験の受検料が必要です。受検料は事業者によって違い、一回六〇〇〇円くらいから二万数千円かかります。

高校生は誰もが、最低でも二回、できたら何度も受けて練習したいと考えるでしょうが、保護者の経済的負担は大きくなります。結果として裕福な家庭では何度も民間試験を受けさせ、対策講座に通わせてスコアをあげることが可能になり、余裕のない家庭の受験生との経済格差が大きくなります。

経済的に苦しい家庭なので、国立大学を希望していたけれど、英語民間試験の出費を考えると大学進学を諦めるしかない、という高校生もいます。


また、全国に試験会場がまんべんなく用意されるわけではないので、地域によっては遠方まで出かけて受検しなければなりません。交通費や宿泊費がかかって、地域格差が受験生を直撃します。

加えて、障害のある受検生に対して、これまでのセンター入試のようなキメ細かい配慮が民間試験では準備されていません。「障害者差別解消法」違反の疑いも指摘されています。

四番目の問題は、「採点の公正性」です。五〇万人もの解答を短期間に、誰がどう採点するのか。スピーキング・テストの採点は海外で行う、でも場所は「アジアを含めた世界のどこか」、としか明らかにしていない事業者もあります。どのような資格を持った人が採点するのかを公表していない民間試験もあるので、公正性や透明性が問題となっています。

五番目の課題は、「出題や採点のミス、機器トラブル」です。

複数の民間試験がパソコンやタブレットを使う予定ですので、機器トラブルや、音声データを聞いても誰の声か分からない、雑音が入っていて採点できない、などの事故が一定の割合で発生することは避けられません。

大学入試では、何重にもチェックしますが、それでも出題や採点のミスやトラブルが発生することがあります。その都度、大学は対応策を公表します。

ところが、民間試験でそのような事態が起きても公表するかどうか分かりません。文科省の見解は、「民間事業者等の採点ミスについて、大学入試センターや大学が責任を負うことは基本的には想定されません」というものです。

出題や採点、危機管理で、大学入試センターほどの厳密な運営を実現するのは経費も手間も並大抵ではありません。民間事業者に一任で良いのでしょうか。

六番目の問題は、「利益相反」の疑いです。

民間試験の中には、問題集などの対策本を販売している事業者があります。担当部署が違ったとしても、同じ事業者が、共通テストの一環である英語試験を実施しながら、対策指導で収益を上げるのは、道義的な責任が問われないのでしょうか。

　高校を試験会場には使わないと明言していたのに、最近になって方針を変えた民間事業者もあります。受験生が通う高校を会場にして、その高校の先生たちが試験監督をすることに問題はないのでしょうか。

　最後に、根本的な問題があります。高校は大学入試を無視できないので、高校英語教育は民間試験対策に変質します。授業をつぶして模擬試験を受けさせる高校もすでに出ています。民間試験は学習指導要領に従うことを義務付けられてはいないのですから、民間試験対策に追われることは公教育の破綻につながります。かつては、受験勉強が高校教育をゆがめていると批判されましたが、民間試験対策が高校教育をゆがめることになります。

「英語を話せるようにしたい」という願いは理解できます。でも、「話す」ことは、状況や相手によって違ってきます。文化的な要素も影響します。「話すこと」は複雑なので、正確に測るのは極めて難しいのです。高校までの基礎力を土台に、大学入学後に時間をかけて指導する方が効果は上がります。

　そもそも「スピーキング・テスト」では、「話す力」の何を測るのでしょうか。文法の正確さを測るのか、発音の良し悪しをみるのか、ともかくよどみなくしゃべれば良いのか、採点基準によって点数は違ってきますし、採点者によって評価はばらつきます。それを避けるために「採点しやすさ」を目指す出題にすると、本来のコミュニケーション能力を評価することにはなりません。「話す力」を入学選抜に使うのは無理があると分かります。

センター入試は「二つの技能しか測っていない」からダメだとされましたが、実際は、学習指導要領に準拠して、コミュニケーションという視点から、かなり工夫を凝らして、「総合的」な英語力を測定していました。「四技能」は別々に測定する必要はなく、互いに関連しているので、総合的に考えるべきものです。

受験生を犠牲にすることなく、公正・公平な選抜試験を実施するにはどうしたら良いのか、大学入試は何をどう測るべきなのか、そもそも「コミュニケーション能力」とは何か、などを教育的観点に立ち返って議論できたらと願っています。

④文部科学省「大学入試のあり方に関する検討会議」委員名簿

座長は三島良直・国立研究開発法人日本医療研究開発機構理事長、東京工業大学名誉教授・前学長、有識者委員として、川嶋太津夫・大阪大学高等教育・入試研究開発センター長（座長代理）、益戸正樹・UiPath株式会社特別顧問、株式会社肥後銀行社外取締役（座長代理）、荒瀬克己・関西国際大学基盤教育機構教授、斎木尚子・大阪大学公共政策大学院客員教授、前外務省研修所長（元同国際法局長・経済局長）、島田康行・筑波大学人文社会系教授、清水美憲・筑波大学大学院教育研究科長・教授、末冨芳・日本大学文理学部教授、両角亜希子・東京大学大学院教育学研究科准教授、宍戸和成・独立行政法人国立特別支援教育総合研究所理事長、渡部良典・上智大学言語科学研究科教授。

団体代表委員として、岡正朗・山口大学長、一般社団法人国立大学協会入試委員会委員長、小林弘祐・学校法人北里研究所理事長、日本私立大学協会常務理事、芝井敬司・関西大学学長、一般社団法人日本私立大学連盟常務理事、柴田洋三郎・公立大学法人福岡県立大学理事長・学長、一般社団法人公立大学協会指名理事、萩原聡・東京都立西高等学校長全国高等学校長協会会長、吉田晋《すすむ》・学校法人富士見丘学園理事長・富士見丘中学高等学校校長、日本私立中学高等学校連合会会長、牧田和樹・一般社団法人全国高等学校PTA連合会会長。オブザーバーとして山本廣基・独立行政法人大学入試センター理事長。

ちくまプリマー新書

226
何のために「学ぶ」のか
——〈中学生からの大学講義〉1
外山滋比古／前田英樹
今福龍太／茂木健一郎
大事なのは知識じゃない。正解のない問いを、考え続けるための知恵である。変化の激しい時代を生きる若い人たちへ、学びの達人たちが語る、心に響くメッセージ。

227
考える方法
——〈中学生からの大学講義〉2
永井均／池内了
管啓次郎／萱野稔人
世の中には、言葉で表現できないことや答えのない問題がたくさんある。簡単に結論に飛びつかないために、考える達人が物事を解きほぐすことの豊かさを伝える。

228
科学は未来をひらく
——〈中学生からの大学講義〉3
村上陽一郎／中村桂子
佐藤勝彦／高薮縁
宇宙はいつ始まったのか？　生き物はどうして生きているのか？　科学は長い間、多くの疑問に挑み続けている。第一線で活躍する著者たちが広くて深い世界に誘う。

229
揺らぐ世界
——〈中学生からの大学講義〉4
立花隆／岡真理
橋爪大三郎／森達也
紛争、格差、環境問題……。世界はいまも多くの問題を抱えて揺らぐ。これらを理解するための視点は、どうすれば身につくのか。多彩な先生たちが示すヒント。

ちくまプリマー新書

230
生き抜く力を身につける
――〈中学生からの大学講義〉5
大澤真幸／北田暁大
多木浩二／宮沢章夫

いくらでも選択肢のあるこの社会で、私たちは息苦しさを感じている。既存の枠組みを超えてきた先人達から、見取り図のない時代を生きるサバイバル技術を学ぼう！

305
学ぶということ
――続・中学生からの大学講義1
桐光学園＋
ちくまプリマー新書編集部編

受験突破だけが目標じゃない。学び、考え続ければ重い扉が開くこともある。変化の激しい時代を生きる若い人たちへ、先達が伝える、これからの学びかた・考えかた。

306
歴史の読みかた
――続・中学生からの大学講義2
桐光学園＋
ちくまプリマー新書編集部編

人類の長い歩みには、「これから」を学ぶヒントがいっぱいつまっている。その読み解きかたを先達に学び、君たち自身の手で未来をつくっていこう！

307
創造するということ
――続・中学生からの大学講義3
桐光学園＋
ちくまプリマー新書編集部編

技術やネットワークが進化した今、一人でも様々なことができるようになってきた。新しい価値観を創る力を身につけて、自由な発想で一歩を踏み出そう。

ちくまプリマー新書357
10代《だい》と語《かた》る英語《えいご》教育《きょういく》　民間試験《みんかんしけん》導入延期《どうにゅうえんき》までの道《みち》のり

二〇二〇年八月十日　初版第一刷発行

著者　鳥飼玖美子（とりかい・くみこ）
装幀　クラフト・エヴィング商會
発行者　喜入冬子
発行所　株式会社筑摩書房
東京都台東区蔵前二-五-三　〒一一一-八七五五
電話番号　〇三-五六八七-二六〇一（代表）
印刷・製本　中央精版印刷株式会社

ISBN978-4-480-68384-7 C0237 Printed in Japan